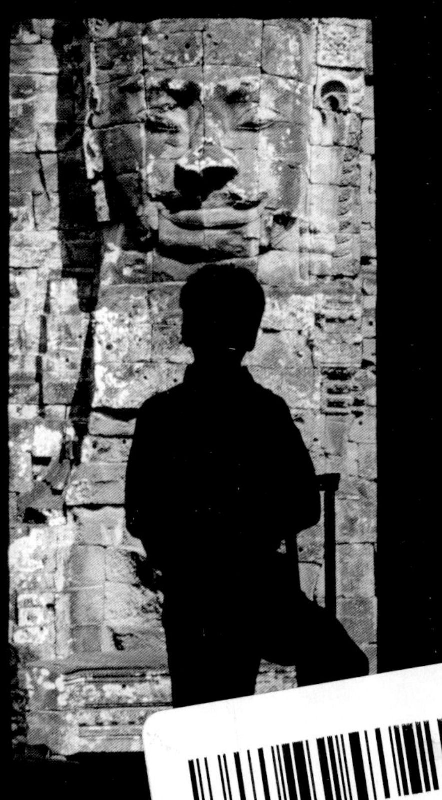

Biblioteca PHotoBolsillo

Gervasio Sánchez

PHoto**Bolsillo** | LA FABRICA | EDITORIAL

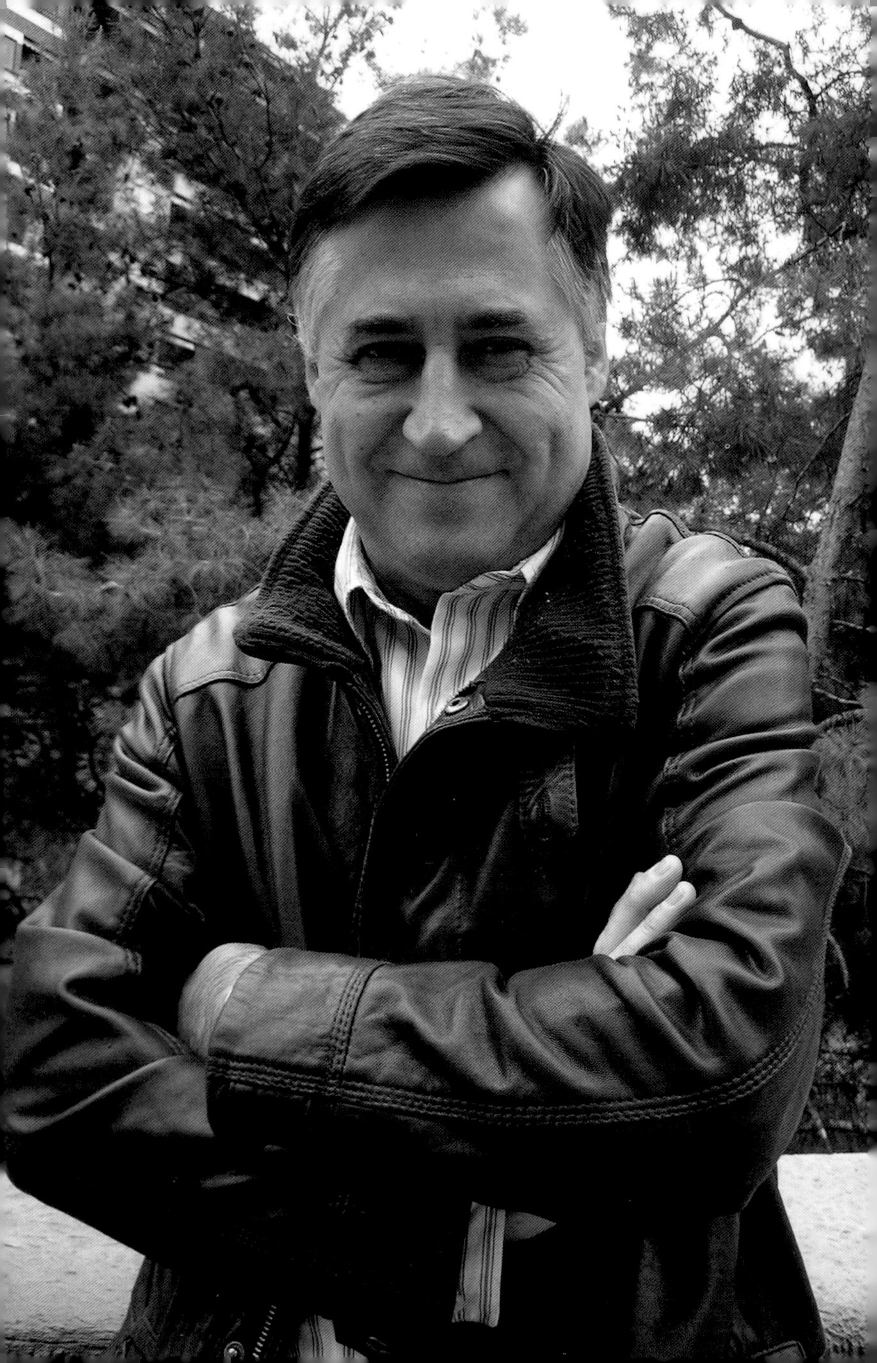

Gervasio Sánchez
Pasión y memoria
Por Sandra Balsells

Zaragoza, abril de 2008. Fotografía de Diego Sánchez

A finales de agosto de 2009, un grupo de amigos de Gervasio Sánchez nos reunimos en un recóndito paraje del Pirineo aragonés para celebrar su 50 aniversario. Gervasio, flanqueado por sus apéndices vitales, Choco y Diego, nos obsequió con una generosa dosis de afecto y camaradería. Traspasaba el umbral de los cincuenta radiante, pletórico y, por extraño que parezca, insólitamente relajado. Ese auténtico manojo de nervios que es Gervasio conseguía aparcar por unos días su trepidante ritmo habitual para acomodarse en un inusitado sosiego. Quizá pensase que era un buen momento para hacer balance. Y, repasando su trayectoria, creo sinceramente que tenía motivos para sentirse satisfecho.

Gervasio Sánchez es lo que quiso ser. Ha conseguido lo que anheló. Ha obtenido aquello por lo que tanto ha luchado: vivir intensamente, sin sumisiones, con rabiosa independencia; ejercer su profesión desde su profunda vocación, de manera apasionada, coherente y honesta. Vive el fotoperiodismo de forma visceral, combativa, tratando de zarandear los cimientos del cinismo, la hipocresía y la indiferencia que tanto detesta y en los que los ciudadanos del primer mundo nos hemos instalado tan complacientes. Porque Gervasio sigue creyendo en ese periodismo con mayúsculas, al que Ryszard Kapuscinski calificaba de «indeseable, inoportuno y certero en su impertinencia».

Gervasio lleva 25 años recorriendo la martirizada geografía de la infamia, viajando de manera incansable por escenarios arrasados por la violencia y siendo testigo de excepción de innumerables convulsiones planetarias. Ajeno al desaliento, ha documentado extensamente esa «geografía de la desolación que no conoce límites» a la que alude su querido Juan Goytisolo. Guiado por su espíritu militante, inquieto y aventurero se ha sumergido en numerosos escenarios bélicos y posbélicos, testimoniando vivencias e historias olvidadas que han moldeado su biografía hasta convertirlo en lo que es: un reportero de raza.

Gervasio ejerce una fotografía contundente que desvela la crudeza de nuestro tiempo, que constata la existencia de la ignominia y que resulta imprescindible para que nadie ose decir «nosotros no sabíamos». No desfallece en su lucha contra el silencio y la desmemoria. Aborrece ese silencio pernicioso al que acusa de ser «cómplice de los verdugos». Detesta esa obstinada *omertá* contra la que, si pudieran, se rebelarían las víctimas de la barbarie. Ese silencio encubridor contra el que luchó hasta el fin de sus días Primo Levi tras sobrevivir al infierno de Auschwitz, dando fe de que lo innombrable había ocurrido.

A Gervasio le apremia esta urgencia por contar, por constatar que lo intolerable existe. Este es su oficio y esta es su vida. Dos ámbitos indivisibles presididos por un ferviente activismo a favor de las víctimas de la brutalidad humana. Sabe bien que la militancia no puede ejercerse a tiempo parcial.

Su trayectoria es el resultado de un duro aprendizaje y de un dilatado rodaje. Ha trabajado duro, muy duro, para abrirse camino en el mundo del fotoperiodismo y para irse consolidando en él con una independencia envidiable, al margen del aposentamiento que tantas veces gangrena el quehacer periodístico en mesas y despachos. Lo ha hecho con obstinado coraje, a base de esfuerzo y sacrificio, transitando por esas carreteras secundarias del periodismo que tan bien conoció Kapuscinski.

Un trabajo duro que inicia precozmente, después de que su familia abandone su Córdoba natal para instalarse en Cataluña. En Hospitalet del Infante (Tarragona), el pueblo de acogida en el que reside después de pasar varios años en Barcelona, asiste al colegio y al acabar las clases ayuda a su abuelo Santiago, cartero de profesión. Tiene once años y es su primer trabajo. La pulcra caligrafía del pequeño Gerva y su incipiente capacidad de trabajo le permiten dar un salto de gigante en su proceso de maduración. «Allí aprendí muchísimo», recuerda. En esos años de infancia, descubre su pasión por los viajes. Baraja la opción de convertirse en piloto o periodista. Una modesta colección de sellos le permite soñar con lugares remotos y aprenderse de memoria todas las capitales del mundo. «Tooo-dasss», puntualiza.

Sin embargo, el acceso a esos lugares soñados tendrá que esperar. Las circunstancias se imponen. Durante su adolescencia tiene que combinar sus estudios elementales con diversos empleos eventuales. Trabajos sacrificados que van moldeando ese espíritu luchador, disciplinado y autoexigente que han hecho de su trayectoria un camino sin atajos.

En el verano de 1975, con 15 años, consigue un empleo de temporada en el bar Fina de la playa del Miracle de Tarragona. Su primera ocupación será raspar el óxido de las sillas metálicas. Pero pronto abandona la reparación del mobiliario playero para ejercer de camarero en la terraza. Poco podía imaginarse entonces que los próximos 17 veranos los pasaría en ese chiringuito, trajinando refrescos y paellas entre

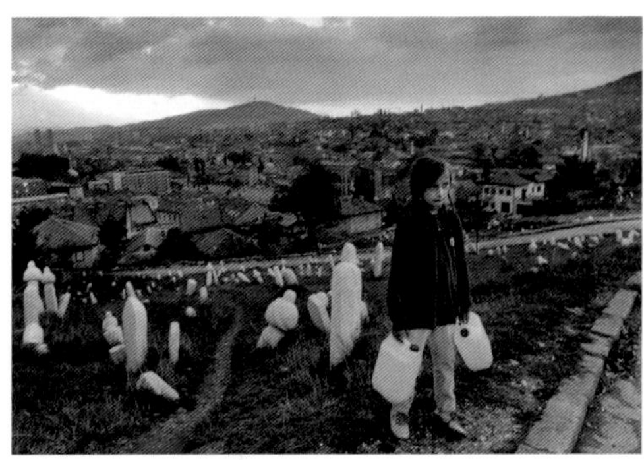

Sarajevo, Bosnia-Herzegovina, octubre de 1993

mesas atestadas de turistas. Allí trabajará hasta el verano de 1991. El sueldo que gana se convierte en su pasaporte hacia la universidad y en el trampolín hacia esos destinos fascinantes esbozados en su colección de sellos. En 1980 emprende su primer gran viaje a Turquía y Grecia con sus amigos del instituto. Después vendrán Yugoslavia, Israel, Egipto, Argelia, Túnez, India... Desde allí envía sus primeras «crónicas periodísticas», redactadas sobre tarjetas postales, de las que saca una escrupulosa copia con papel de calcar para preservar así la memoria de sus andanzas. En 1981 conoce el trabajo de Christine Spengler y decide convertirse en fotoperiodista.

En 1984 concluye sus estudios de periodismo y se regala un año sabático. Viaja a Centroamérica. Allí aprende a fotografiar sobre el terreno, de forma autodidacta, observando cómo se mueven los grandes reporteros. «Esa fue mi verdadera universidad, después de aburrirme cinco años en una convencional.» En 1986, en el Chile de Pinochet, comienza a viajar de manera regular como periodista. Desde entonces trabaja de forma independiente, sin ataduras, ejerciendo de reportero *freelance*, arropado -eso sí- por su querido *Heraldo de Aragón* donde es recibido con gran respeto por su subdirector, José Luis Trasobares, y donde publica su primer trabajo en marzo de 1987.

Pero Gervasio aún tardará cinco años en poderse dedicar plenamente a su anhelado oficio. En el verano de 1991 se produce un giro decisivo en su vida, cuando, tras servir la última paella de la temporada, carga sus bártulos y parte hacia Croacia para cubrir el inicio de la guerra. Allí, sin saberlo, debimos cruzarnos por primera vez. Pronto, la espiral de violencia se extiende a Bosnia-Herzegovina. En

Sarajevo, se da de bruces con la brutalidad de la guerra. Nada comparable a los conflictos latinoamericanos que había documentado años atrás. El impacto que le causa aquella carnicería es brutal. Regresa a Sarajevo en numerosas ocasiones, testimoniando incansablemente la agonía de ese cerco atroz. Y allí, sin saberlo, debimos cruzarnos por segunda vez.

Del asedio a la capital bosnia nace en diciembre de 1994 su primer libro, *El cerco de Sarajevo*, un formato de publicación que le permite trascender la efímera vigencia de la fotografía de prensa. Es el origen de una fecunda producción fotoperiodística que se ha materializado en diez libros más, gracias a la apuesta decidida de su estimado editor, Leopoldo Blume.

A finales de 1995, afectado por el ritmo trepidante que supone viajar de conflicto en conflicto y por la inmediatez a la que obliga el mundo de la prensa, Gervasio Sánchez experimenta un proceso de transformación que arranca, de forma casi casual, con el encargo de un pequeño reportaje sobre víctimas de las minas en Angola. Allí descubre «un submundo de horror y desolación» que marcará para siempre su forma de entender y ejercer el fotoperiodismo. Desde entonces, recorre algunos de los países más castigados por las minas, documentando a sus víctimas y mostrando su lucha por la supervivencia. Se adentra en escenarios devastados, atestados de sueños truncados. Establece relaciones entrañables con los protagonistas de sus imágenes, auténticos héroes en su lucha por la superación. Fruto de este paciente trabajo de más de diez años es su trilogía *Vidas minadas*, un valioso testimonio gráfico que nació «con el ánimo de superar las trabas mediáticas, las modas temáticas, el esquematismo y el sensacionalismo».

Movido por este mismo afán, Gervasio dedica buena parte de la década de los 90 a cubrir diversos conflictos armados en algunos de los países más desamparados de África. Documenta la tragedia de los niños soldados y se enfrenta a alguno de los momentos más amargos de su vida. También se sumerge en las profundidades de América Latina para sacar a la luz el drama de los desaparecidos. Y siempre que puede regresa a los Balcanes.

Allí, en la guerra de Kosovo, volvimos a cruzarnos. Para entonces, ya nos conocíamos y habíamos compartido algunos buenos momentos juntos. Recuerdo la alegría que sentí al verle aparecer en el centro de prensa del Grand Hotel de Pristina. Recuerdo también su frenética hiperactividad, su permanente ir y venir y alguno de sus célebres arrebatos. Un auténtico torbellino en constante agitación. Juntos fotografiamos la penosa huida de miles de refugiados y los efectos de una devastación odiosa, viajando en un tronado coche de alquiler que un mal día decidió dejarnos tirados en una de las carreteras más peligrosas de Kosovo. Fueron días intensos, en los que descubrí esa personalidad torrencial que emana constantemente por todos los poros de la piel de Gervasio.

Su fructífera producción fotográfica y periodística, más allá de su eminente carácter testimonial, constituye una potente vía hacia el debate y la reflexión. Son historias que informan, que emocionan y conmocionan, que interpelan al espectador y que dificultan que nadie esquive su mirada. Como en aquellos impactantes grabados de *Los desastres de la guerra*, donde el propio Goya anotó, con contundencia, «yo lo vi», «así sucedió»; la obra de Gervasio revela retazos del momento histórico que le ha tocado vivir, episodios trascendentes que no se limita a observar. Gervasio toma partido, se posiciona claramente ante los hechos que documenta y asume riesgos. Hace visible aquello que muchos preferirían ocultar, sabedor, como bien manifestó Robert Capa, de que «una causa sin imágenes no es solamente una causa ignorada; es una causa perdida».

Todo ello se plasma en sus fotografías de forma directa, contundente y sobria, sin necesidad de recurrir a ligerezas estilísticas. Despojadas de artificios ornamentales, sus imágenes constituyen un valioso legado para que en el futuro no podamos dudar del pasado.

A su producción fotoperiodística se añade una extraordinaria labor pedagógica y divulgativa, impulsada desde el Seminario de Fotografía y Periodismo de Albarracín que dirige desde el año 2001 con total apertura mental pero con disciplina castrense. La mezcla de perfiles personales y de ámbitos fotográficos, que atesoran los contenidos de las nueve ediciones celebradas hasta ahora, es motivo de admiración de tirios y troyanos. Gracias a estas jornadas, además, veteranos maestros injustamente olvidados, han ido saliendo «de las catacumbas», como bien dice nuestro admirado Enrique Meneses, para conectarse con nuevos valores y ofrecer sus valiosos testimonios a centenares de ávidos alumnos.

La labor de Gervasio ha sido premiada, tarde antes que pronto, con numerosos reconocimientos. La reciente concesión del Premio Nacional de Fotografía, que por primera vez ha reconocido la labor de un fotoperiodista, ratifica

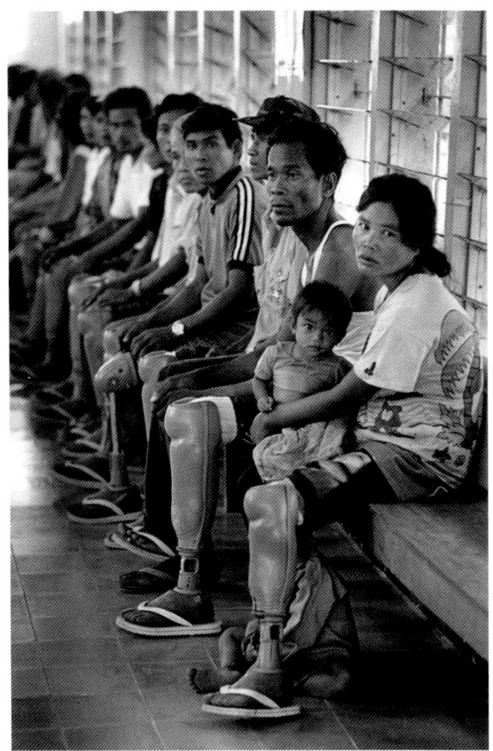

Centro ortopédico. Batambang, Camboya, diciembre de 1996

el valor de una fotografía documental dedicada a testimoniar la realidad de un presente que se resiste a caer en el olvido.

Tras pasar 25 años documentando las grandes convulsiones de nuestro tiempo, Gervasio Sánchez sigue ejerciendo su profesión por convicción, para salvaguardar su propia conciencia y sentirse en paz consigo mismo. Su trayectoria no ha sido un camino de rosas. Se ha ganado a pulso el respeto y la admiración de los que goza, aunque sólo él sabe el desgarro emocional que lleva tatuado en el alma, resultado de pérdidas irreparables, soledades hirientes, sinsabores e incomprensiones. De alguna manera, su trayectoria corrobora las palabras de Fernando Pessoa cuando dice que «lo que vemos no es lo que vemos, sino lo que somos».

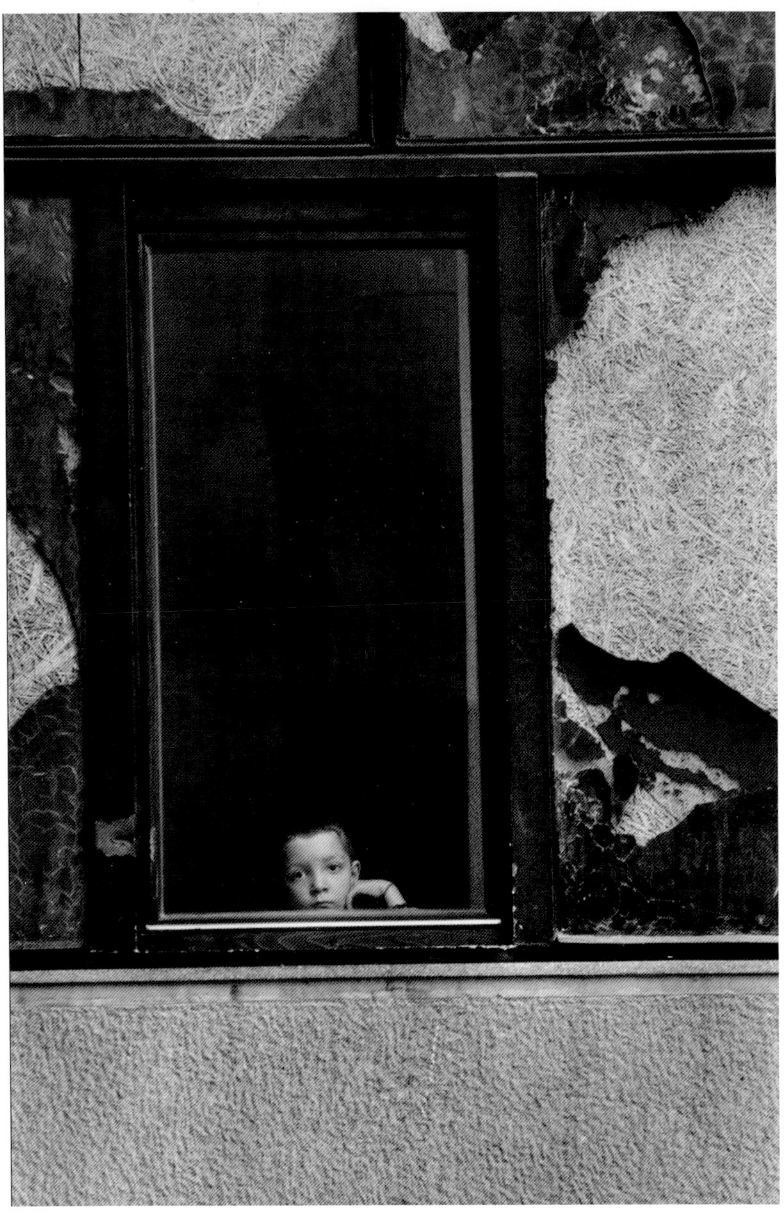

01. Sarajevo, Bosnia-Herzegovina, octubre de 1993

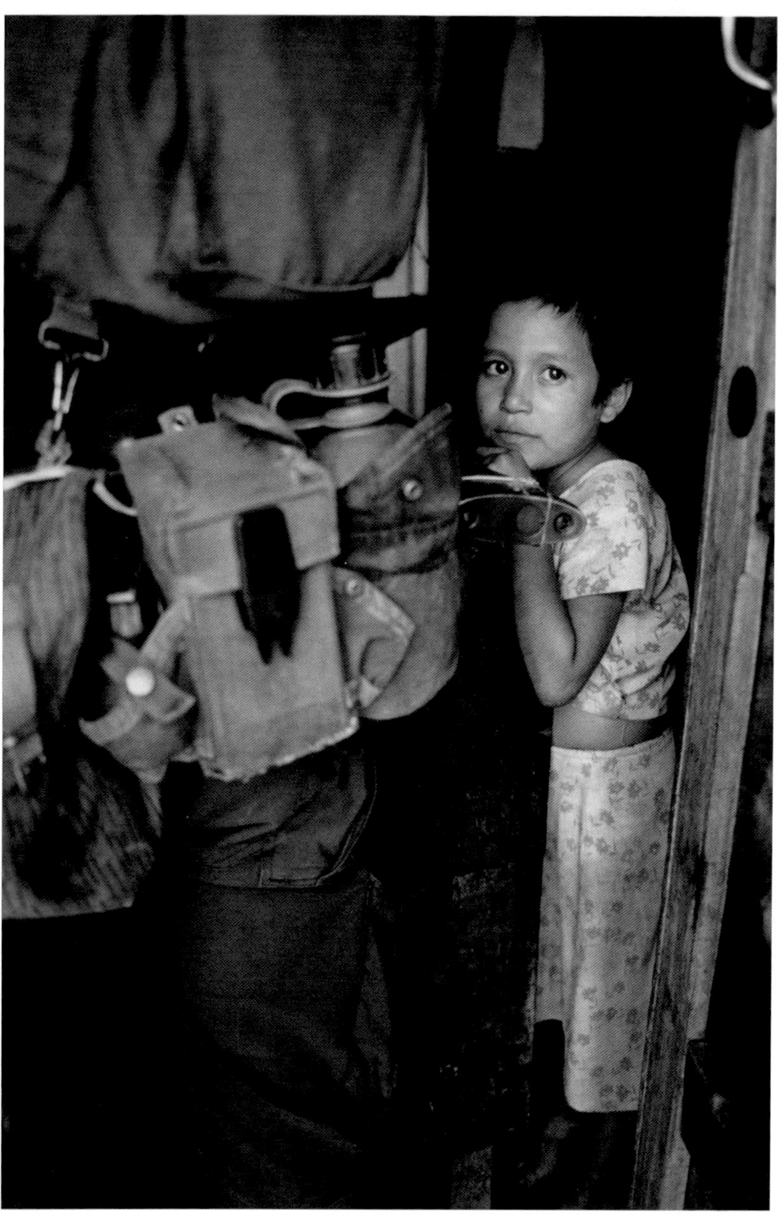

02. San José Las Flores, El Salvador, marzo de 1989

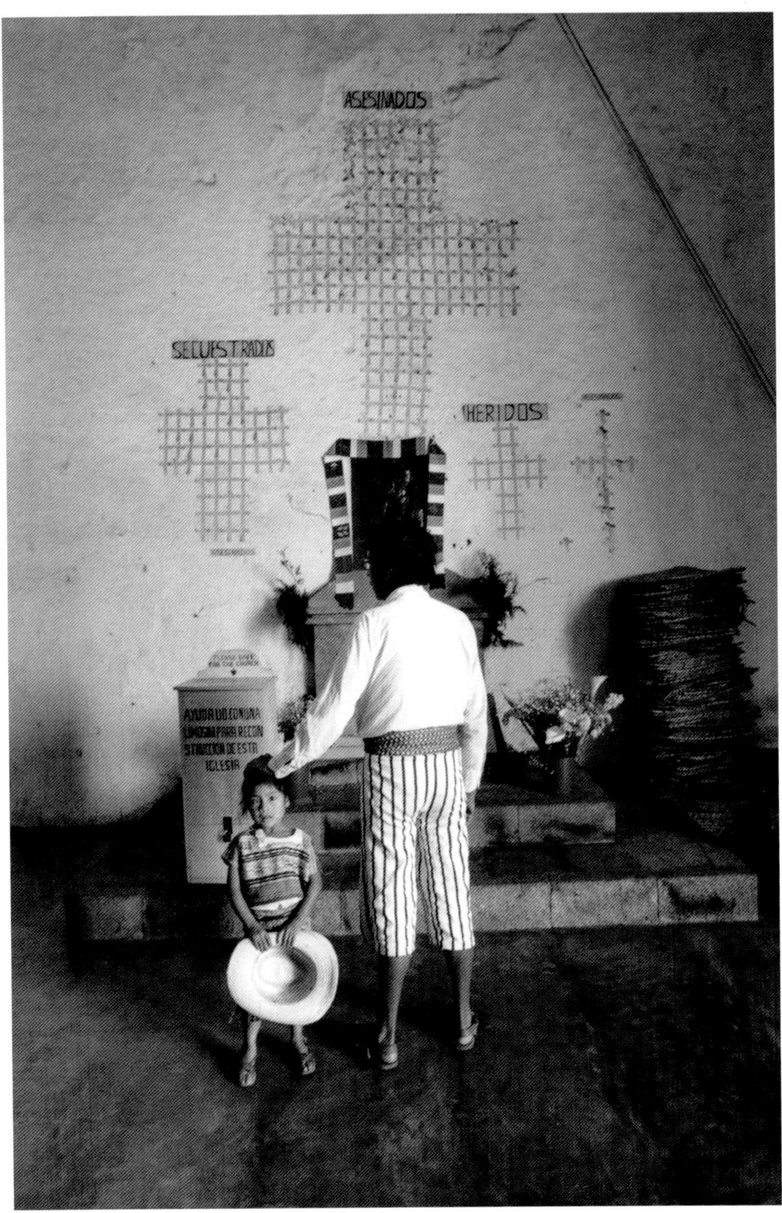

03. Memorial. Santiago de Atitlán, Guatemala, febrero de 1992

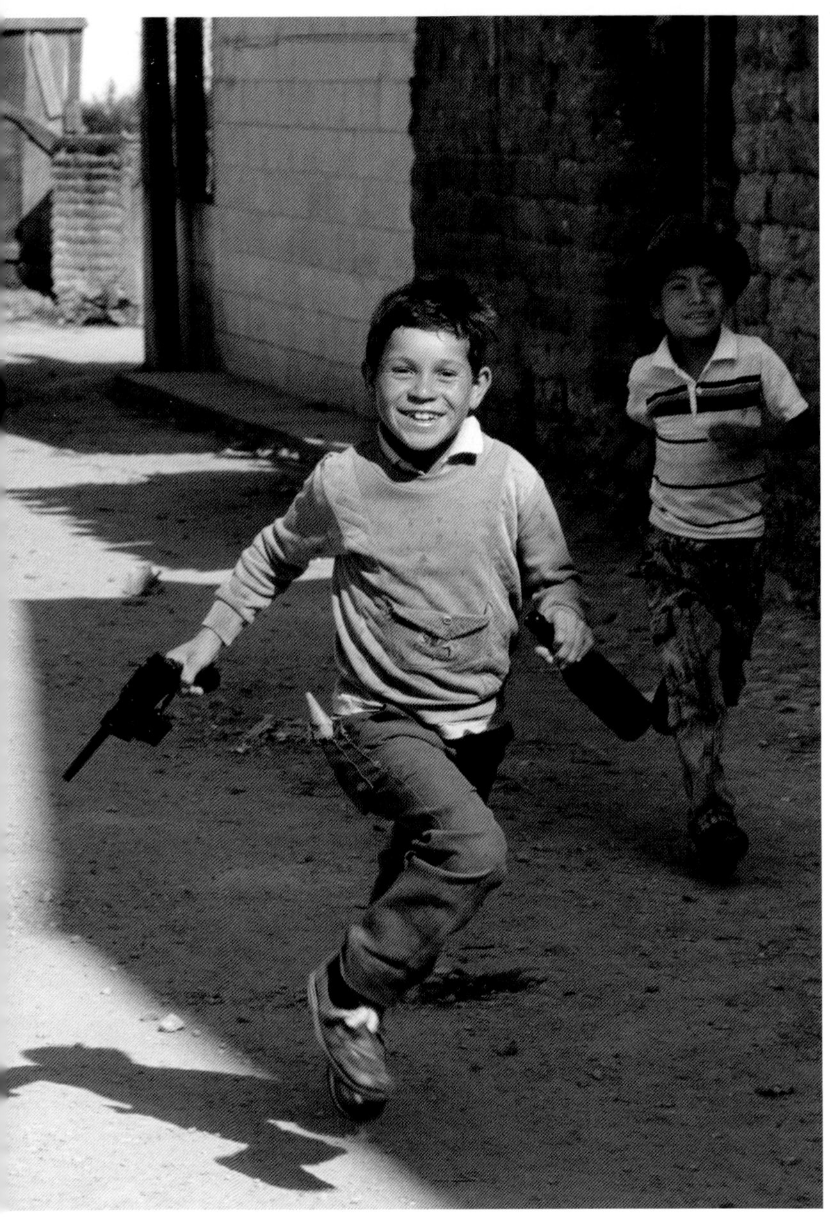

14. Nebaj, Guatemala, febrero de 1992

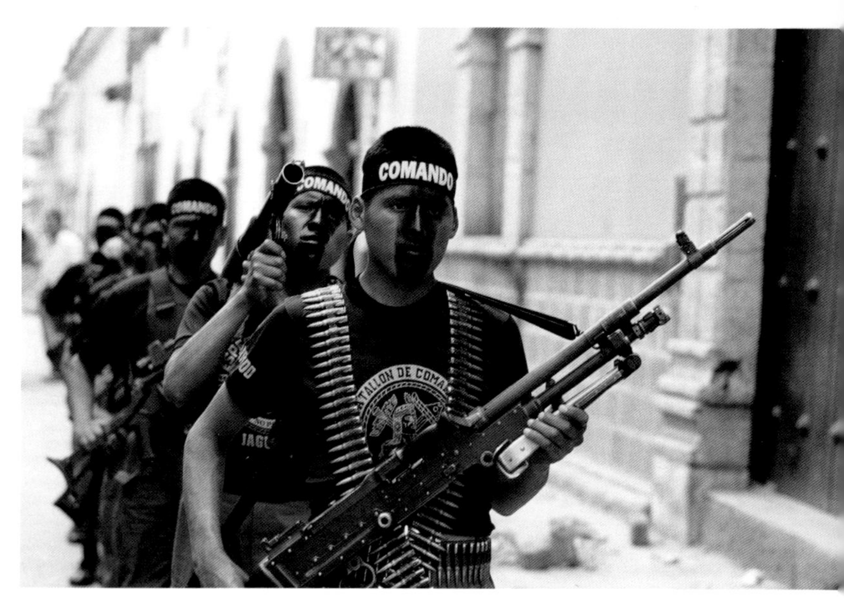

05. Soldados. Ayacucho, Perú, marzo de 2000

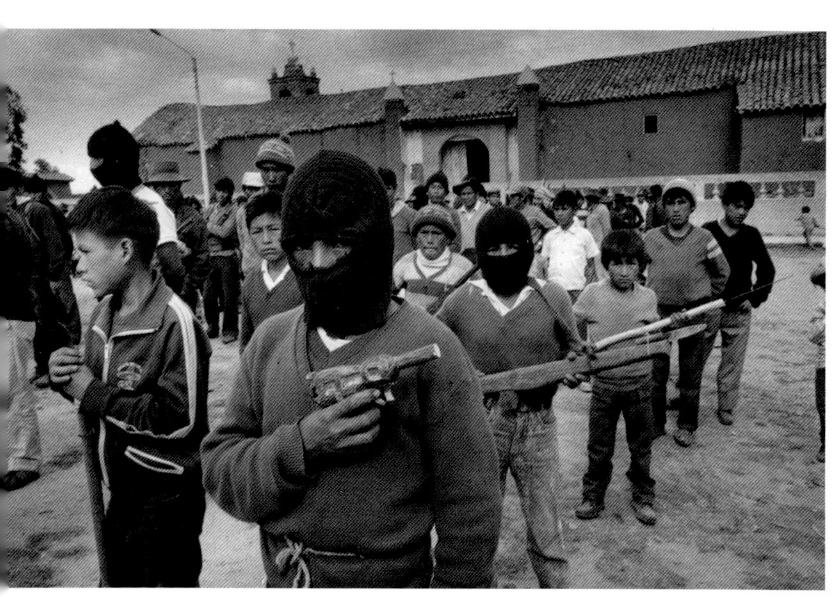

6. Niños militarizados. Huamanguilla, Perú, abril de 1990

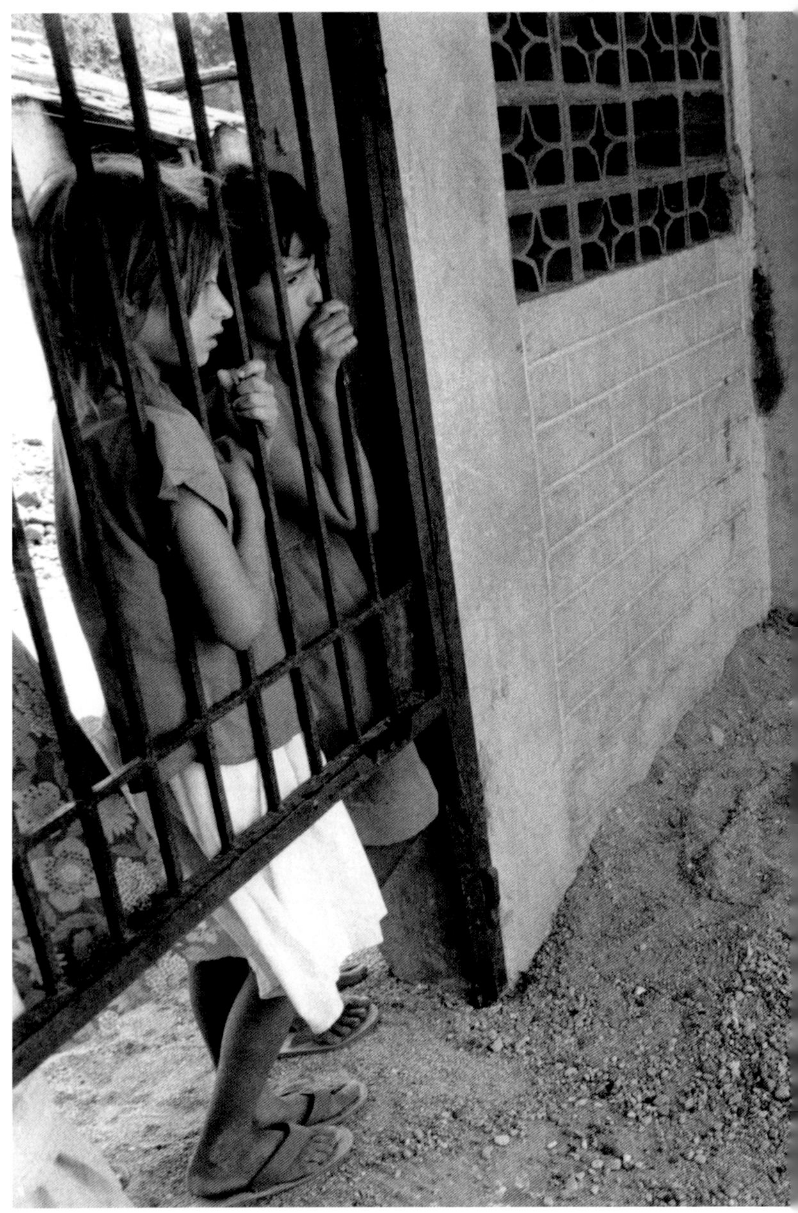

07. Guerrilleros muertos. Chalatenango, El Salvador, marzo de 1989

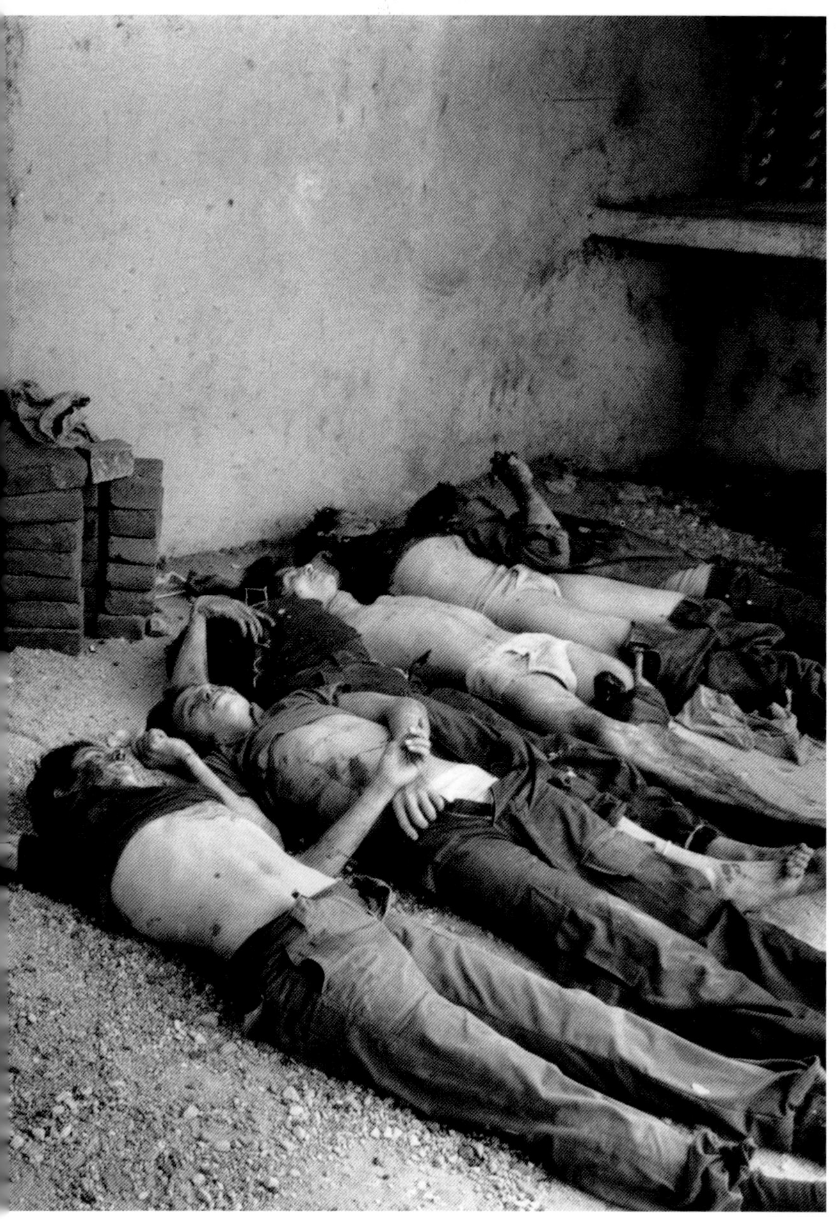

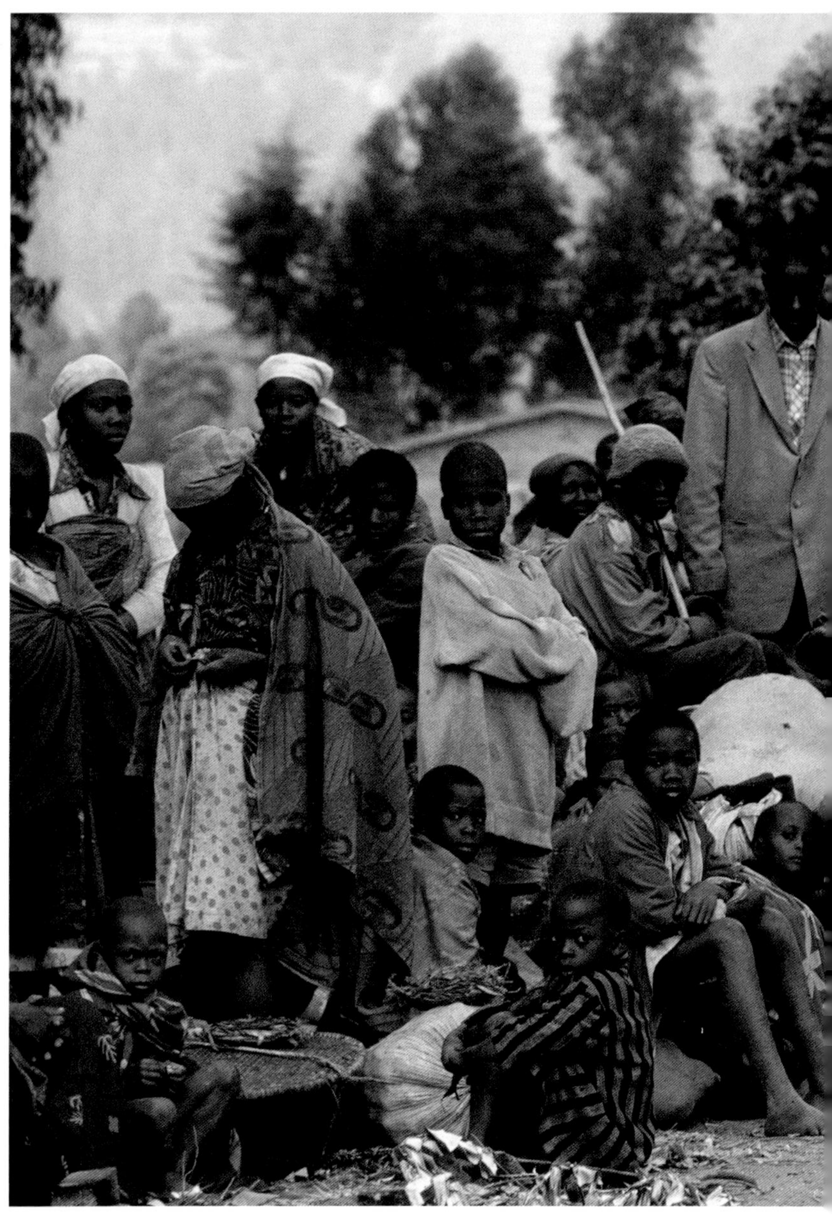

08. Refugiados ruandeses. Goma, República Democrática del Congo, julio de 1994

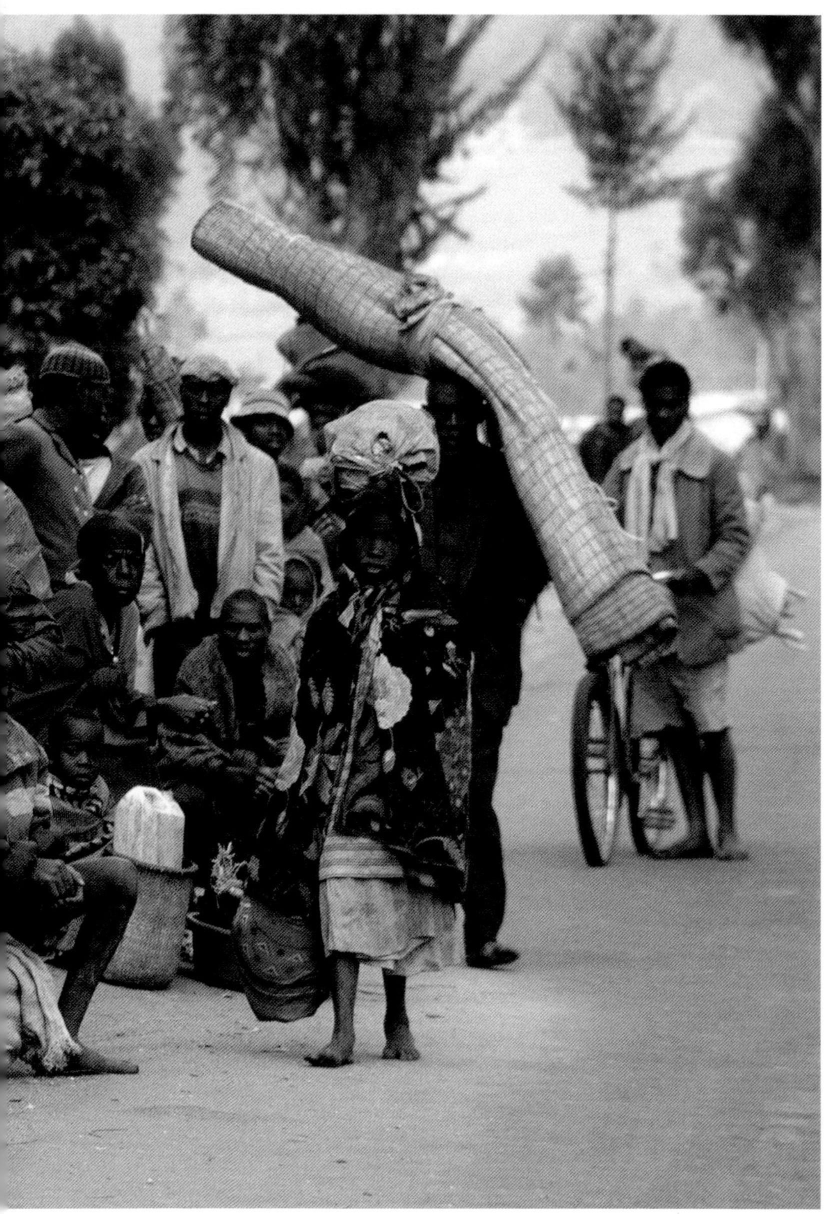

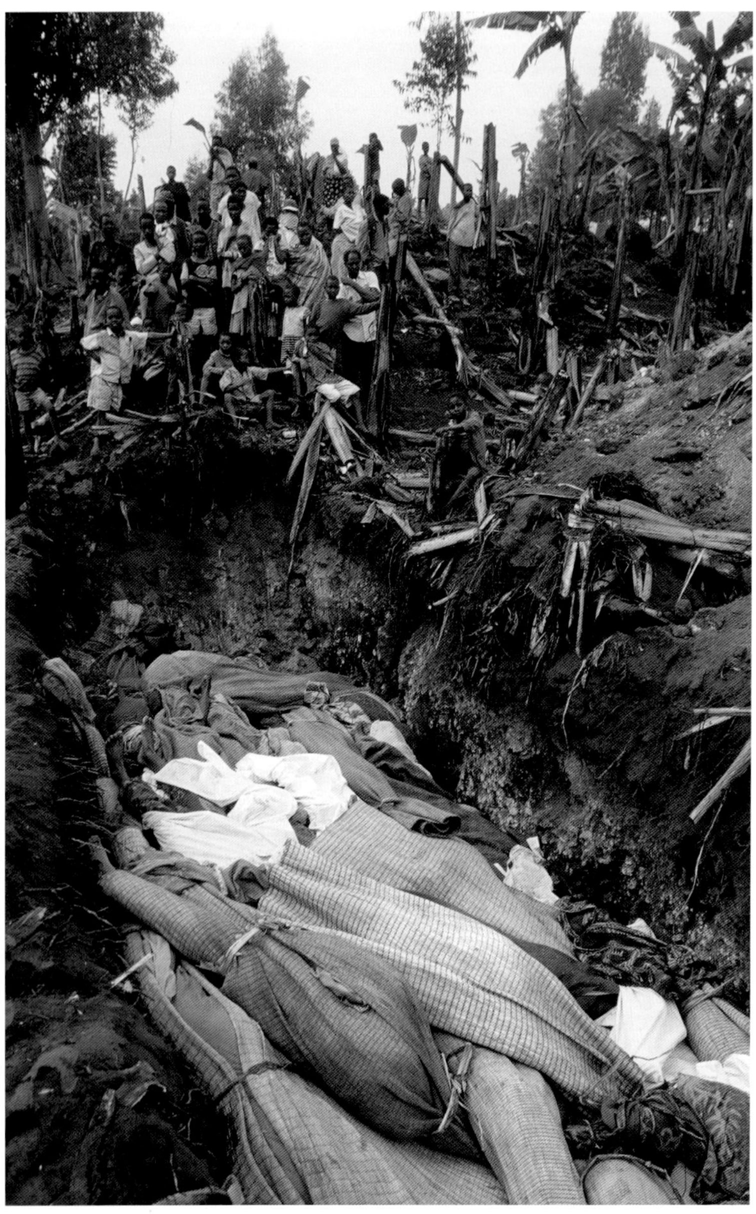

09. Fosas comunes de ruandeses. Goma, República Democrática del Congo, julio de 1994

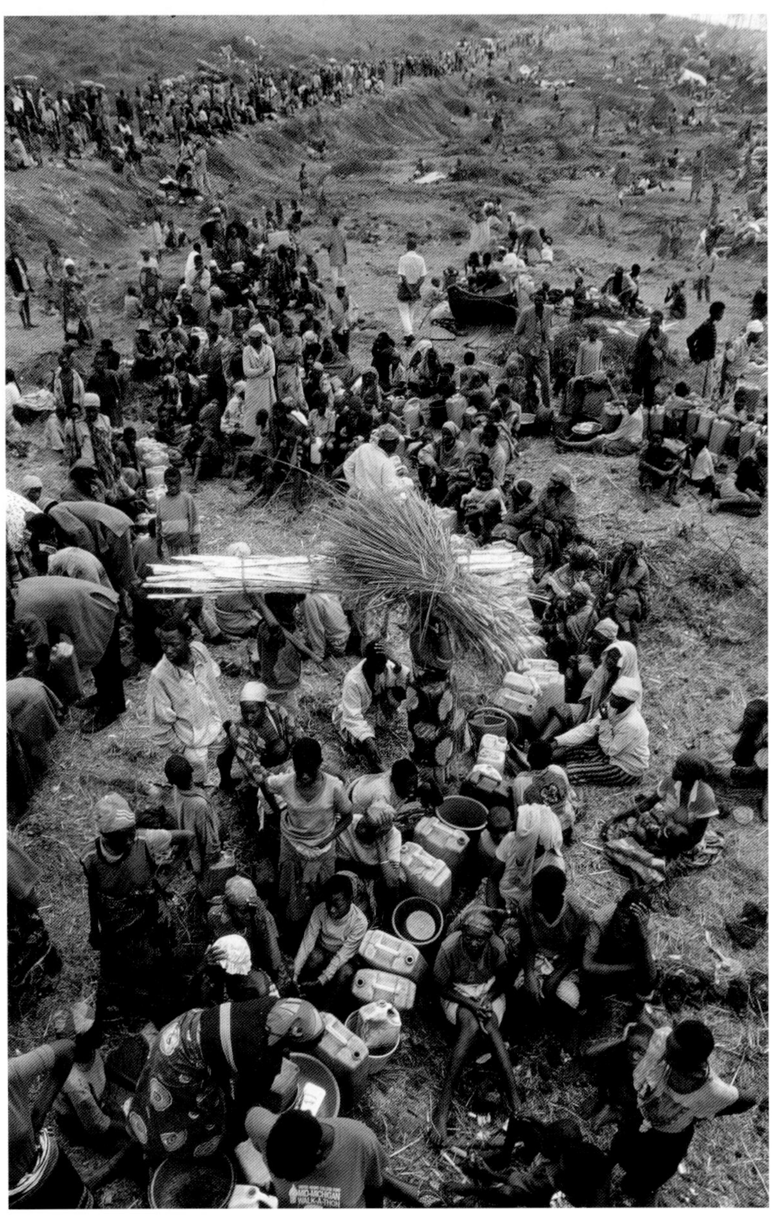

10. Refugiados ruandeses. Goma, República Democrática del Congo, julio de 1994

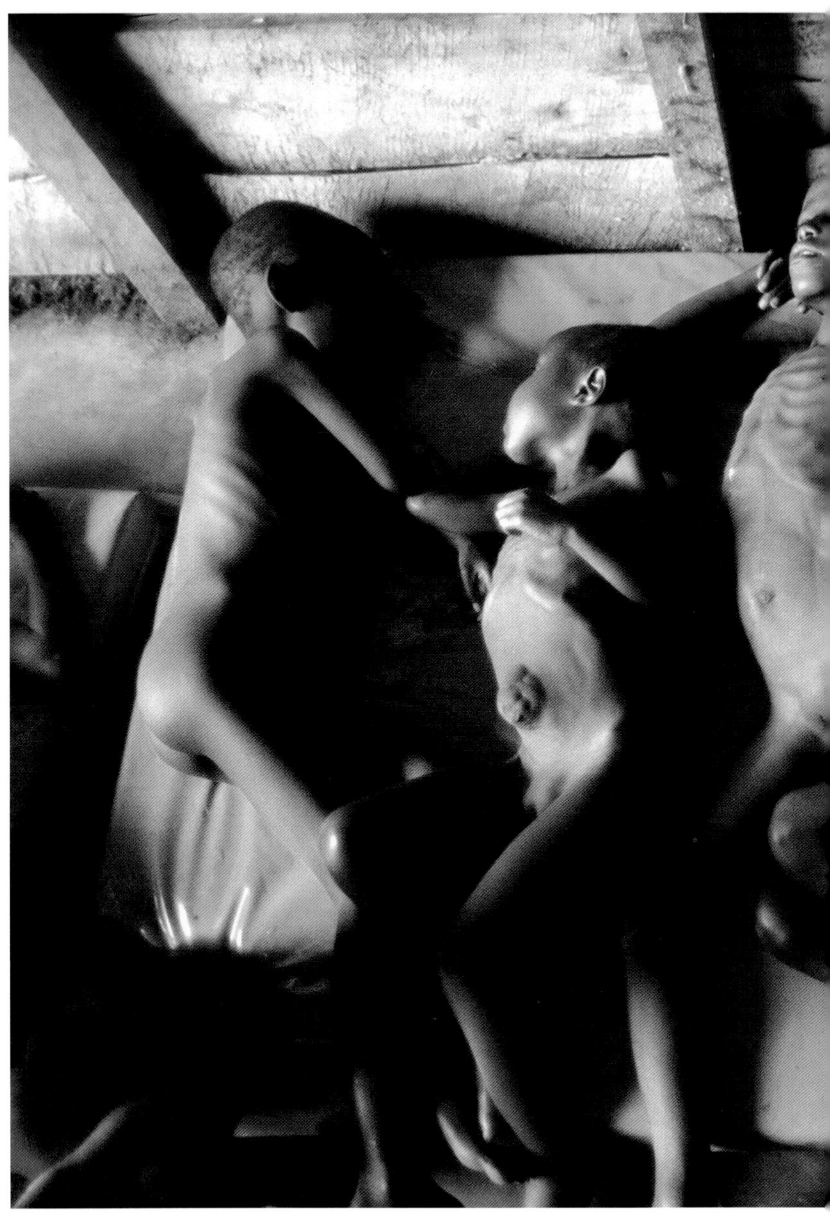

11. Niños ruandeses víctimas del cólera. Nyundo, República Democrática del Congo, julio de 1994

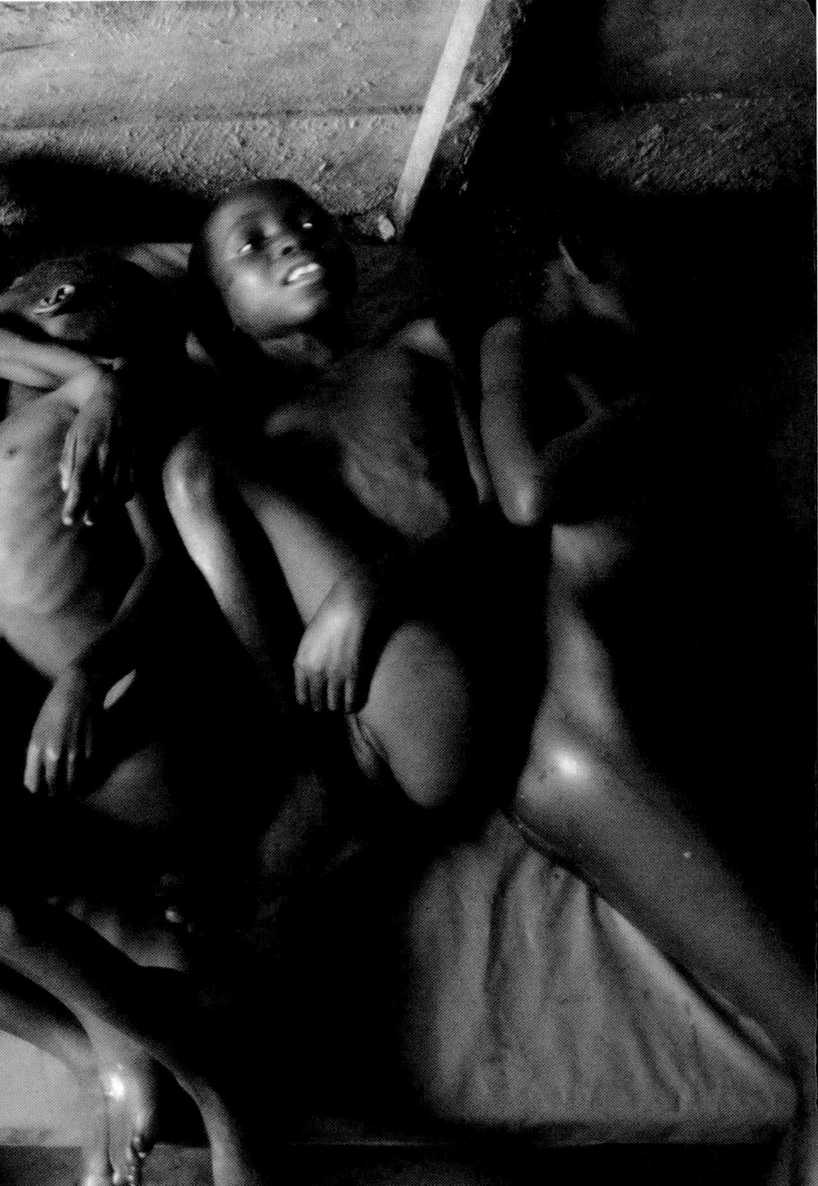

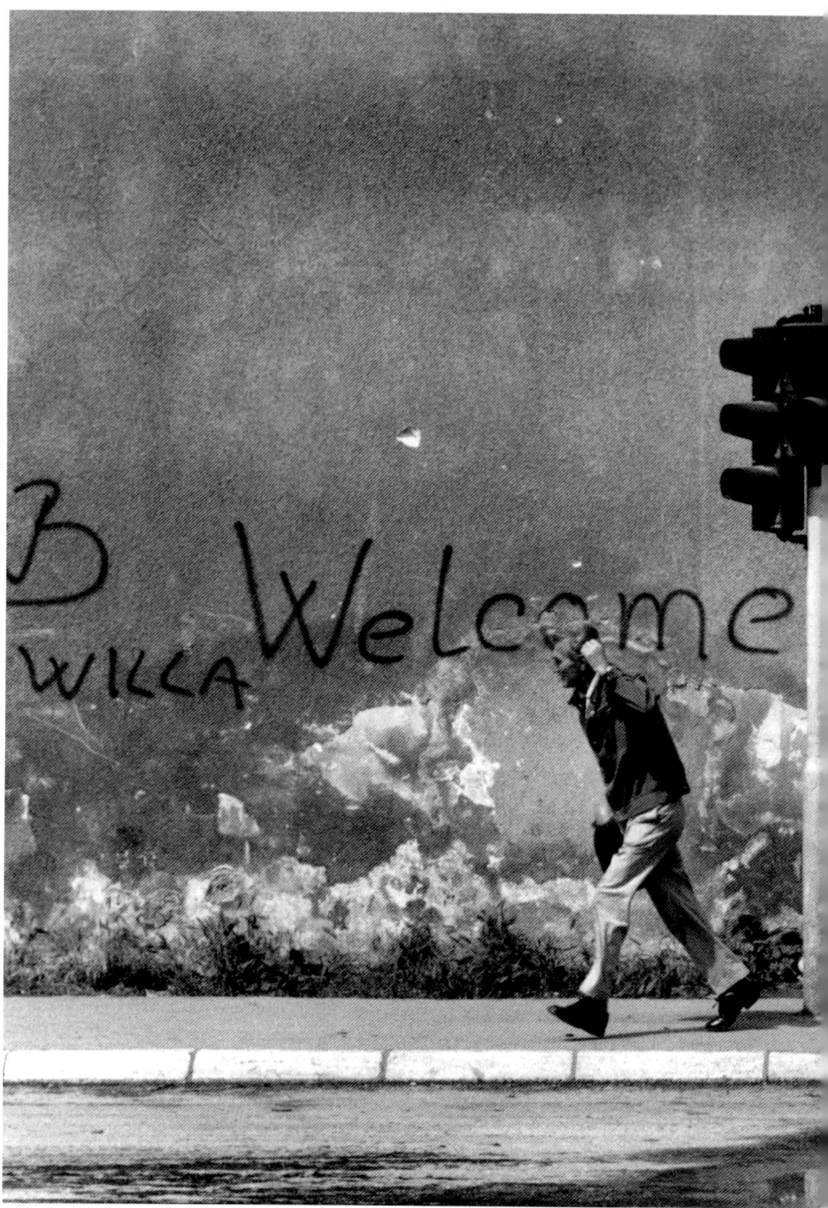

12. Bienvenido al infierno. Sarajevo, Bosnia-Herzegovina, junio de 1992

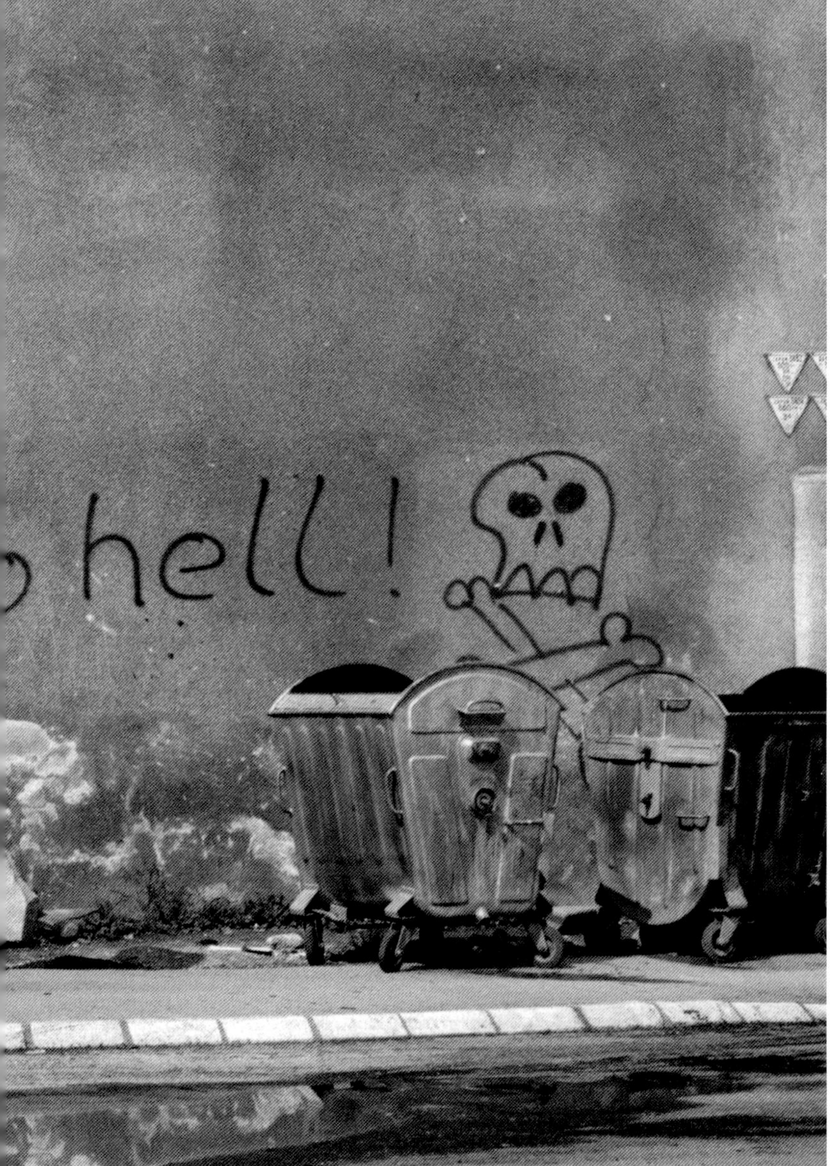
hell!

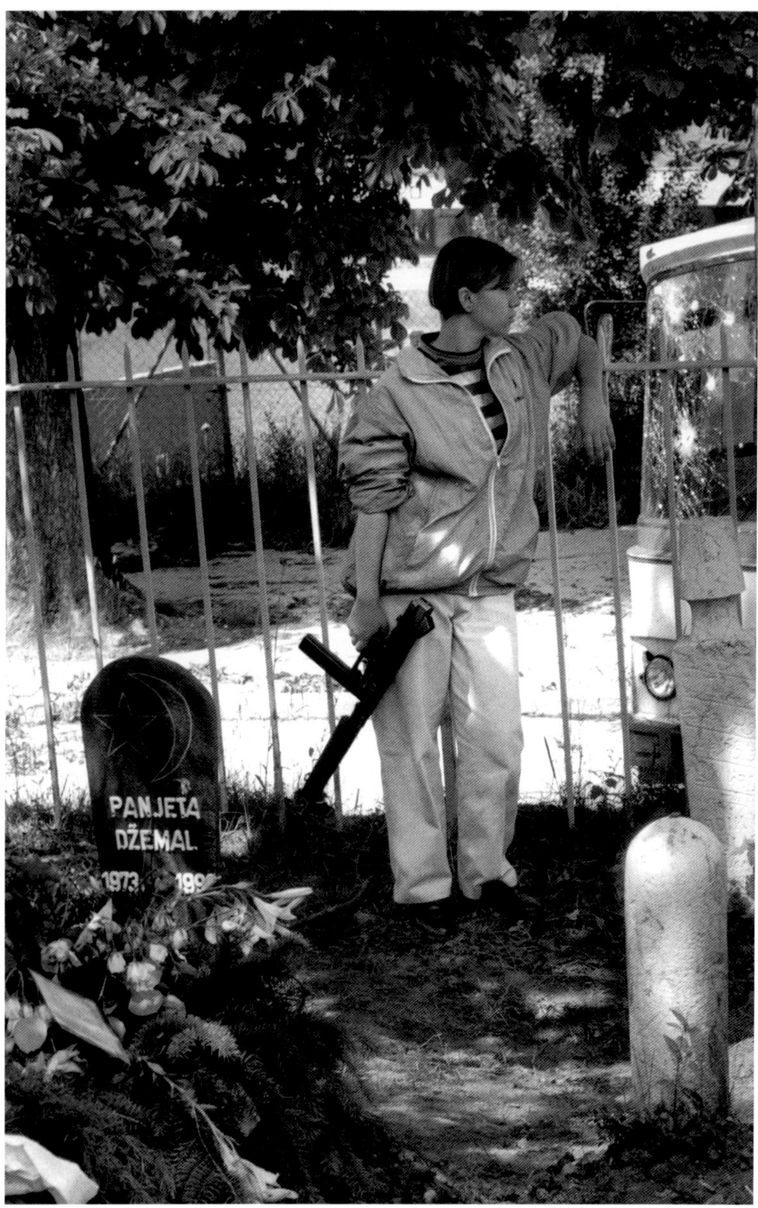

13. Adolescente armada. Sarajevo, Bosnia-Herzegovina, junio de 1992

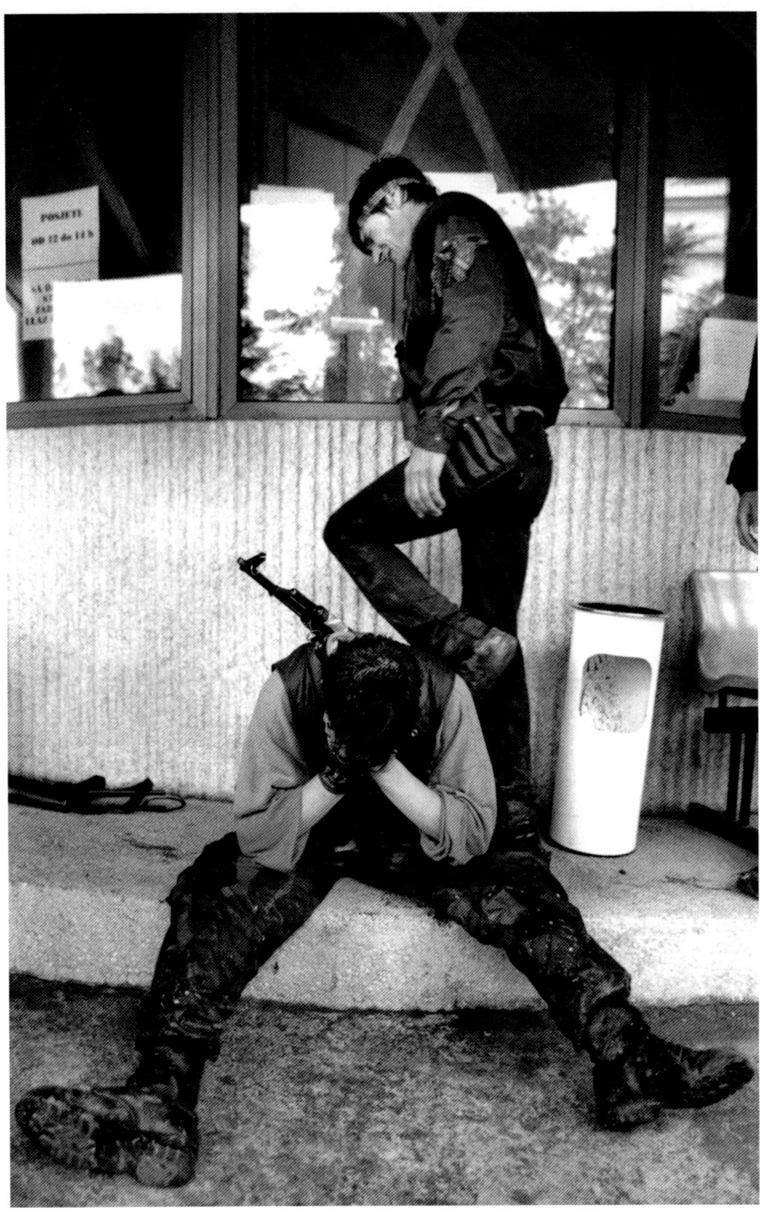

14. Sarajevo, Bosnia-Herzegovina, junio de 1992

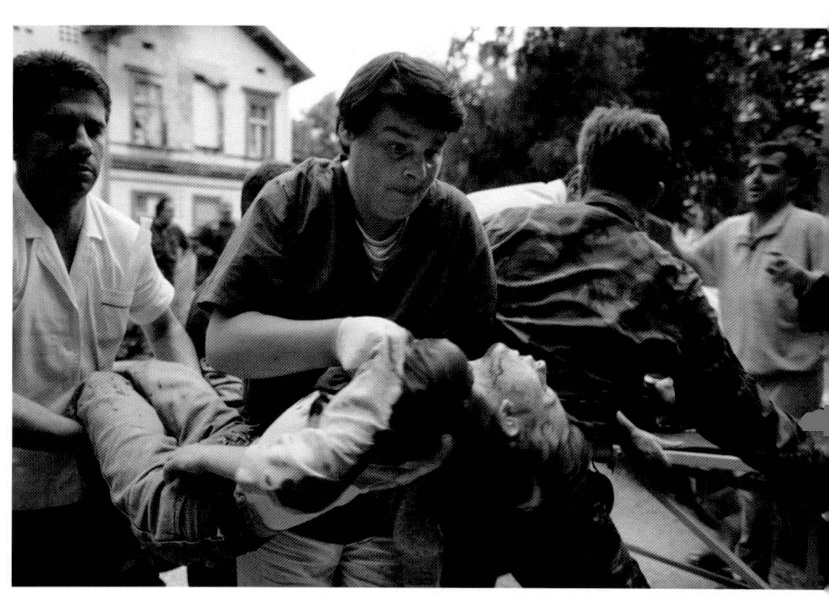

15. Niñas agonizando. Sarajevo, Bosnia-Herzegovina, junio de 1995

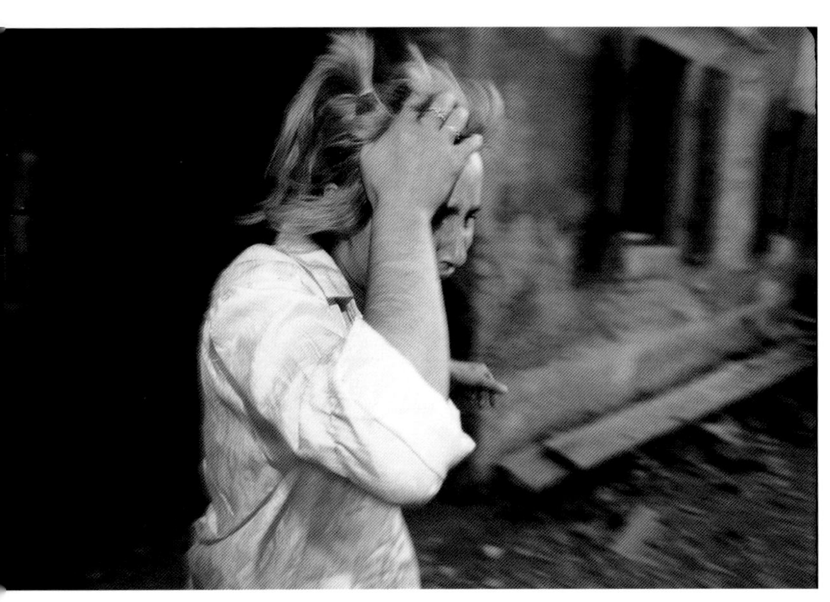

6. Mujer huyendo de un bombardeo. Osijek, Croacia, octubre de 1991

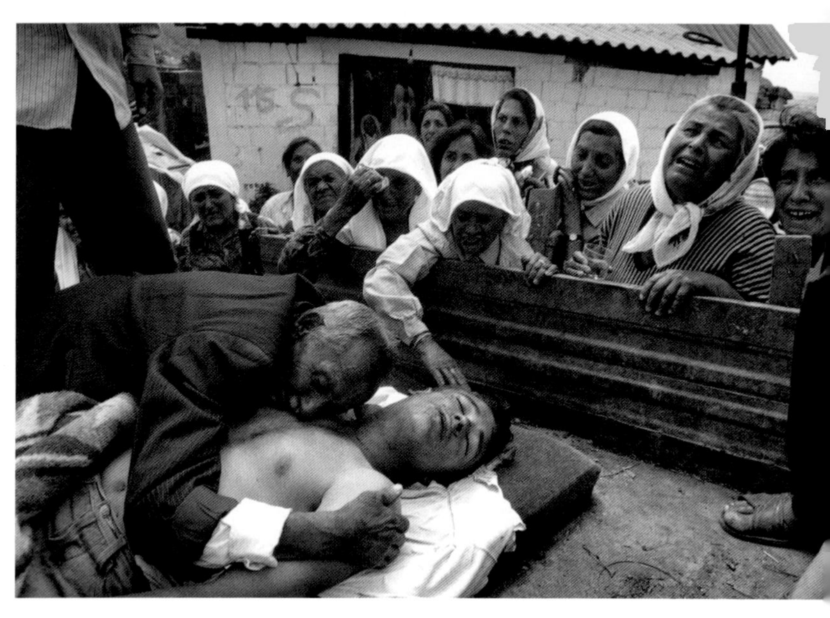

17. El cadáver de Salim Azem Gashi es abrazado por su padre. Pirana, Kosovo, julio de 1998

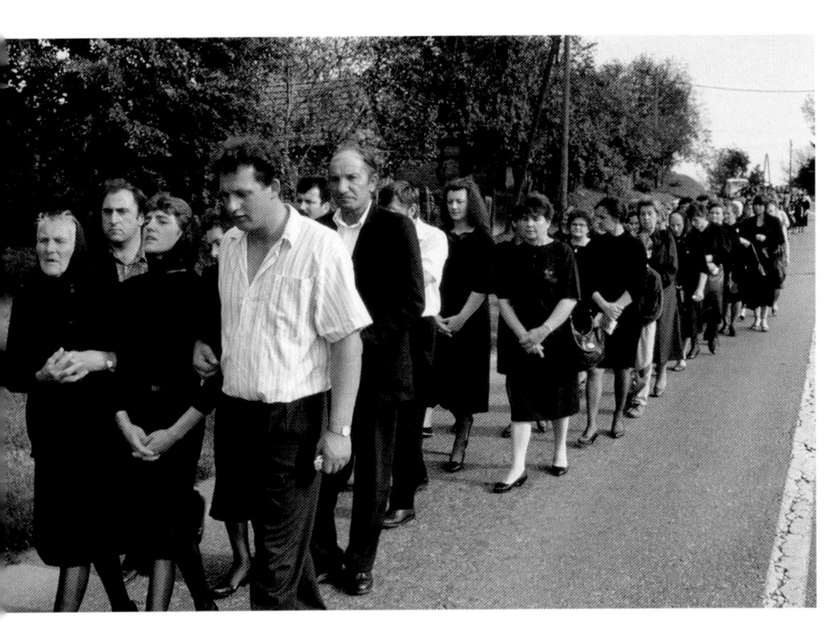

3. Entierro. Karlovac, Croacia, octubre de 1991

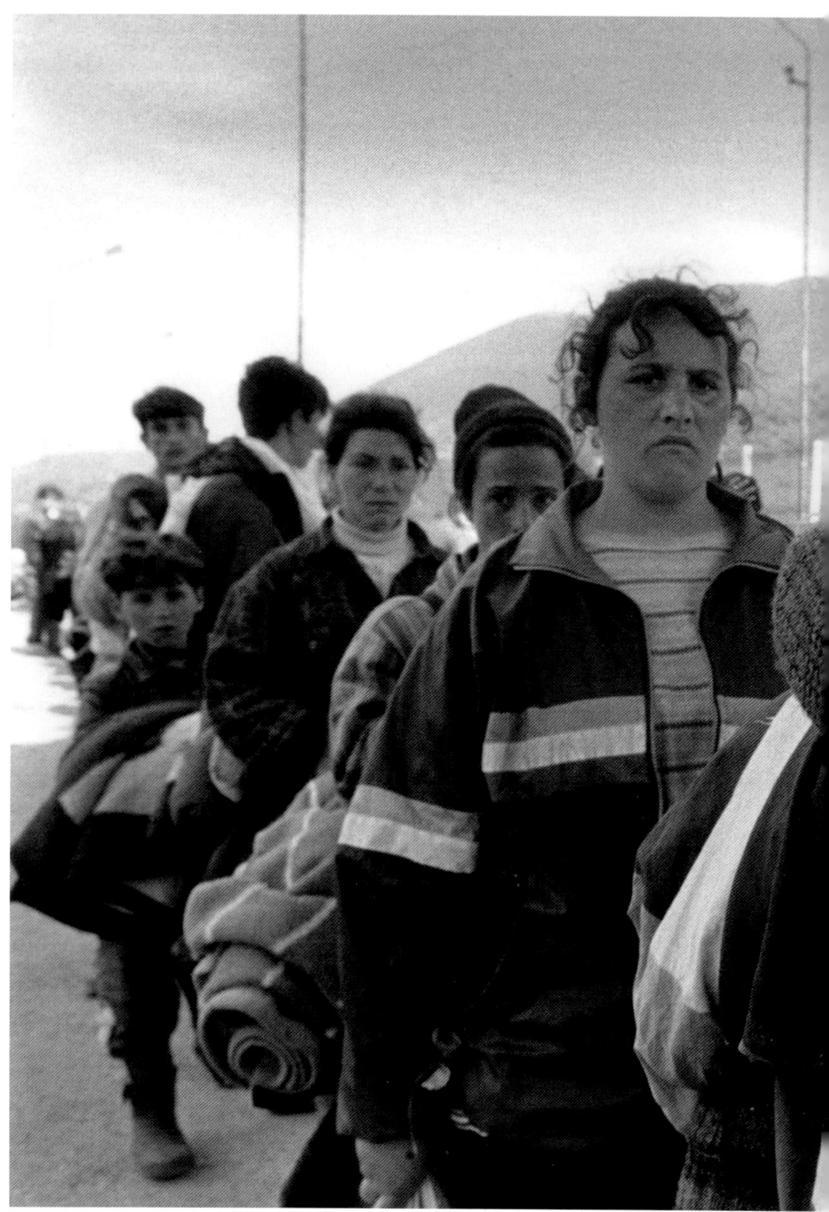

19. Refugiadas albanokosovares. Morina, Albania, abril de 1999

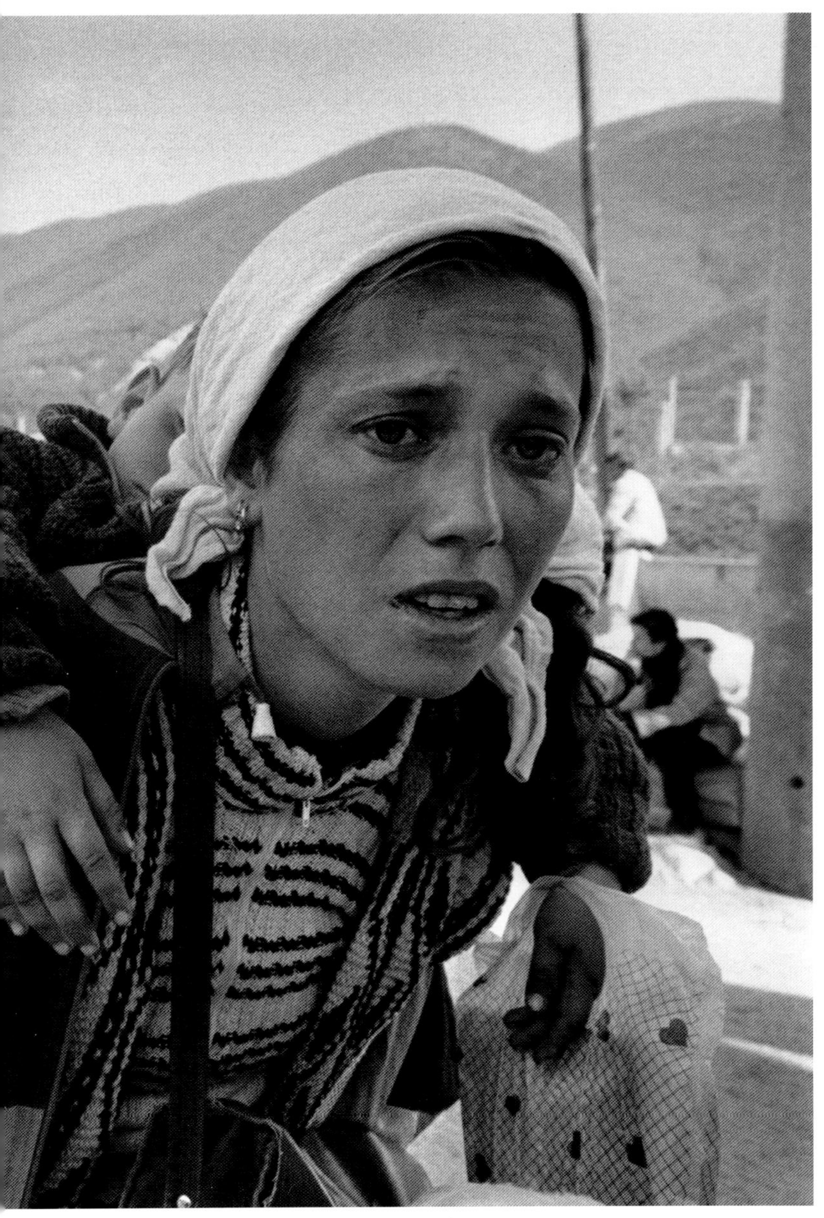

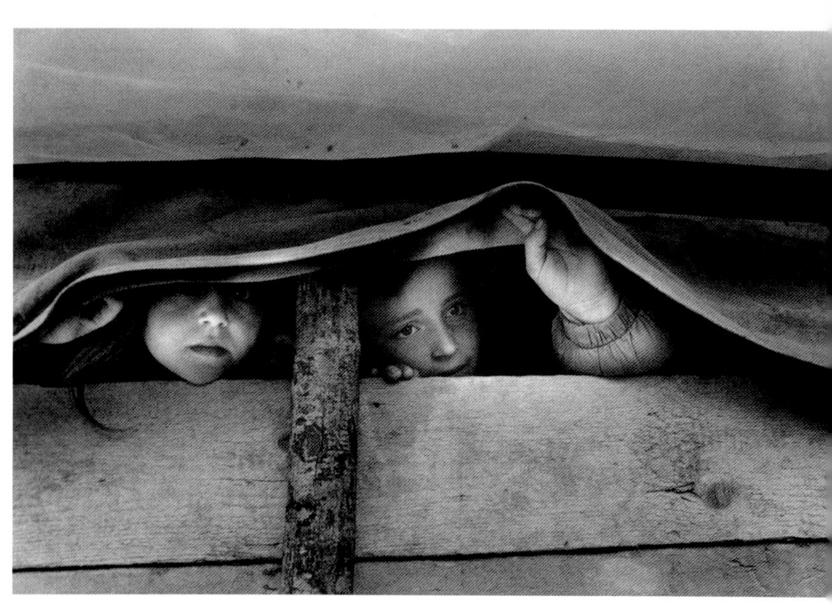

20. Refugiados albanokosovares. Morina, Albania, abril de 1999

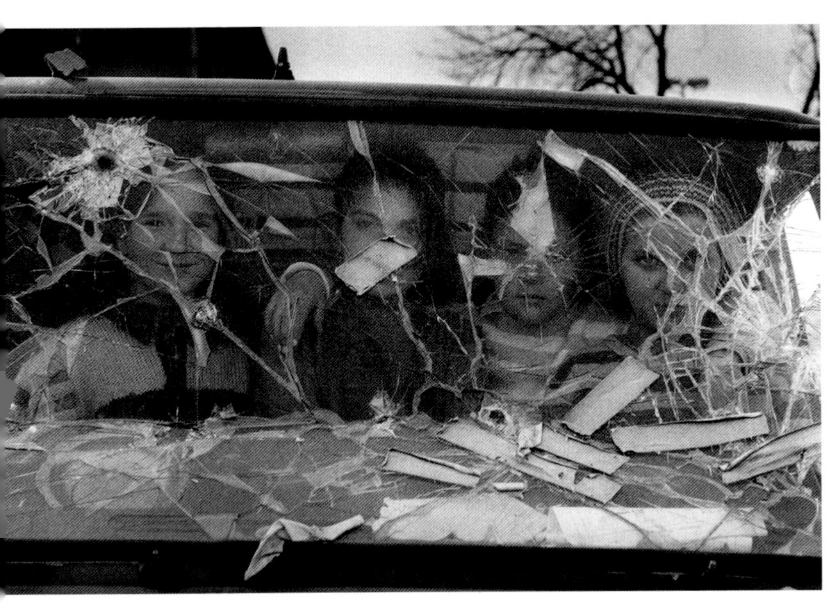

21. Sarajevo, Bosnia-Herzegovina, marzo de 1994

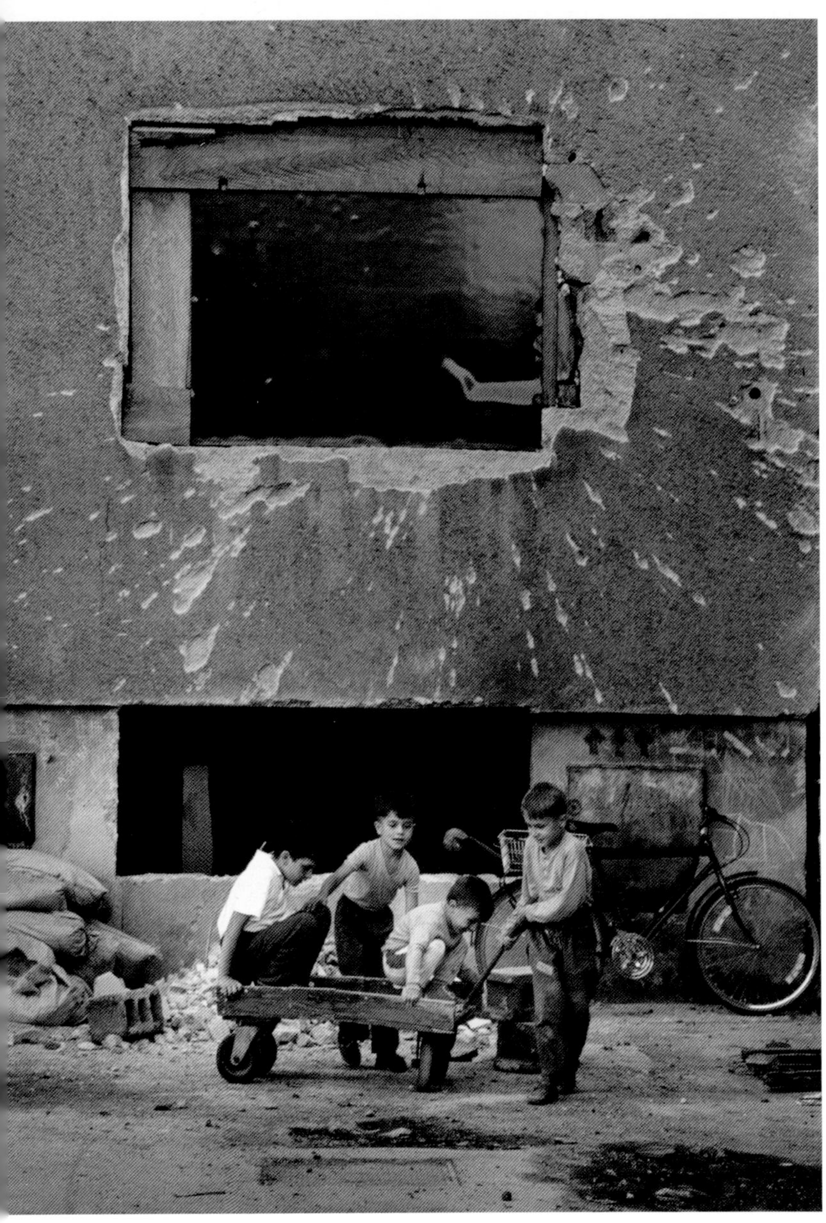

2. Sarajevo, Bosnia-Herzegovina, octubre de 1993

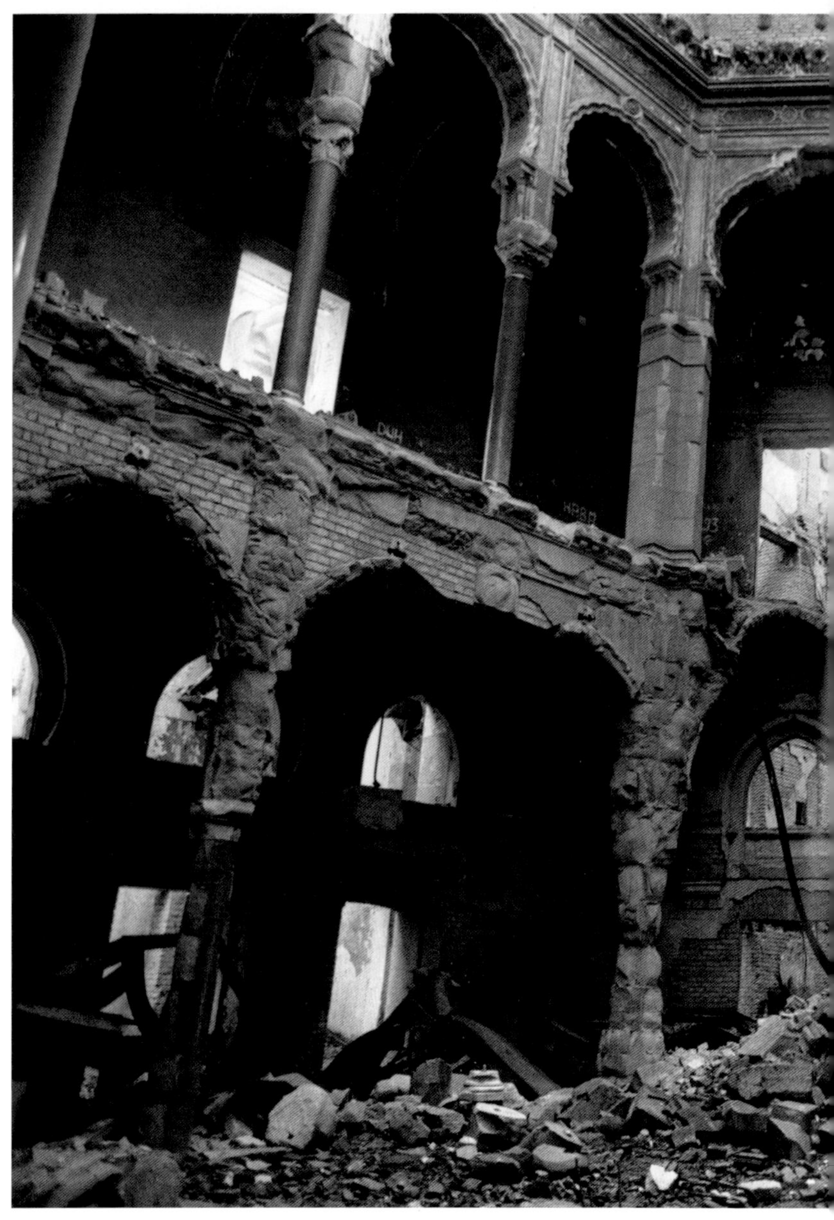

23. Biblioteca destruida. Sarajevo, Bosnia-Herzegovina, julio de 1993

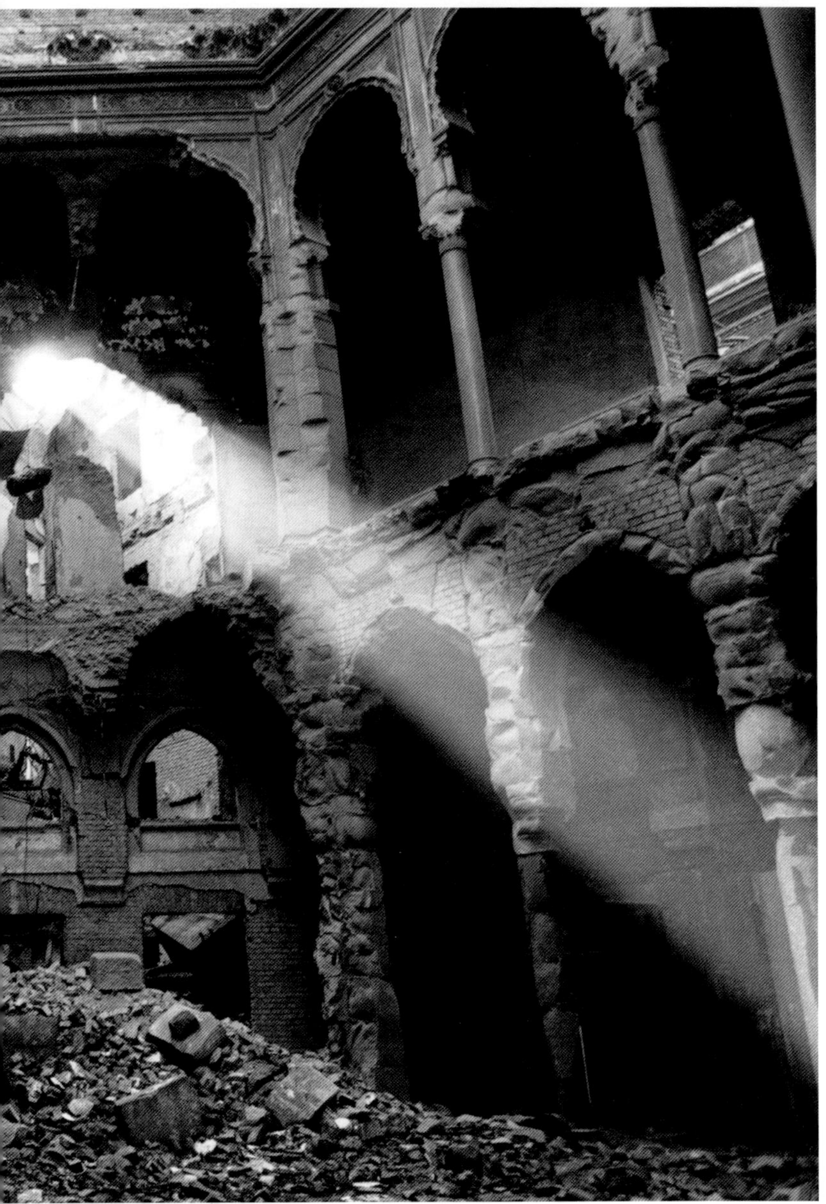

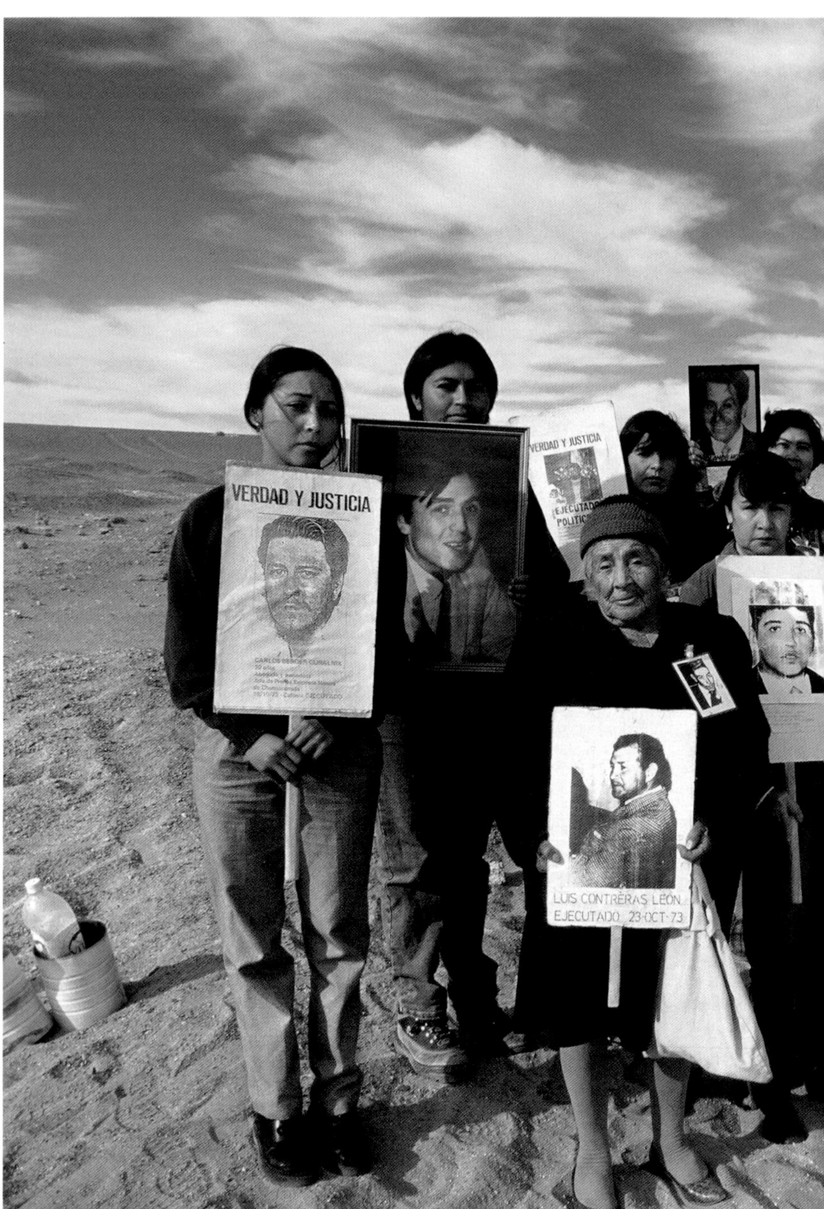

24. Familiares de desaparecidos. Calama, Chile, octubre de 2000

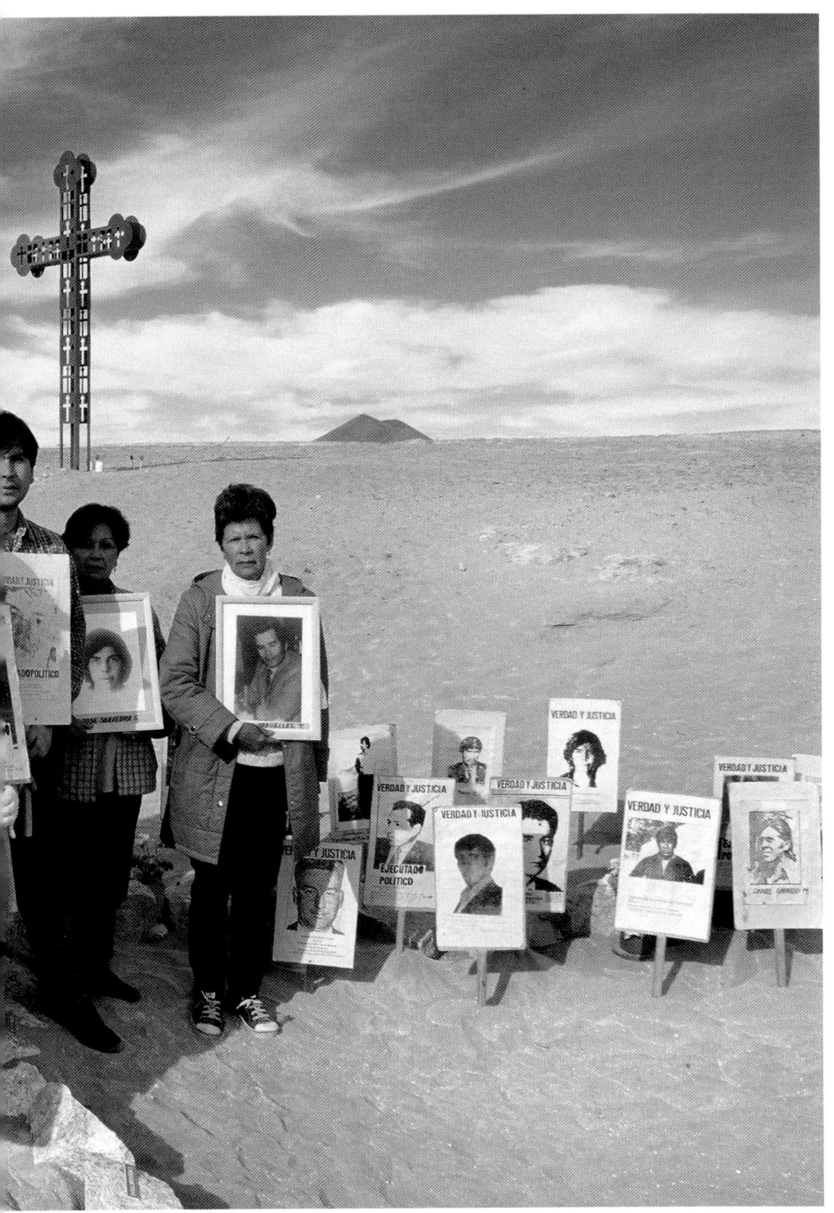
VERDAD Y JUSTICIA
EJECUTADO POLITICO
JOSE SAAVEDRA G.

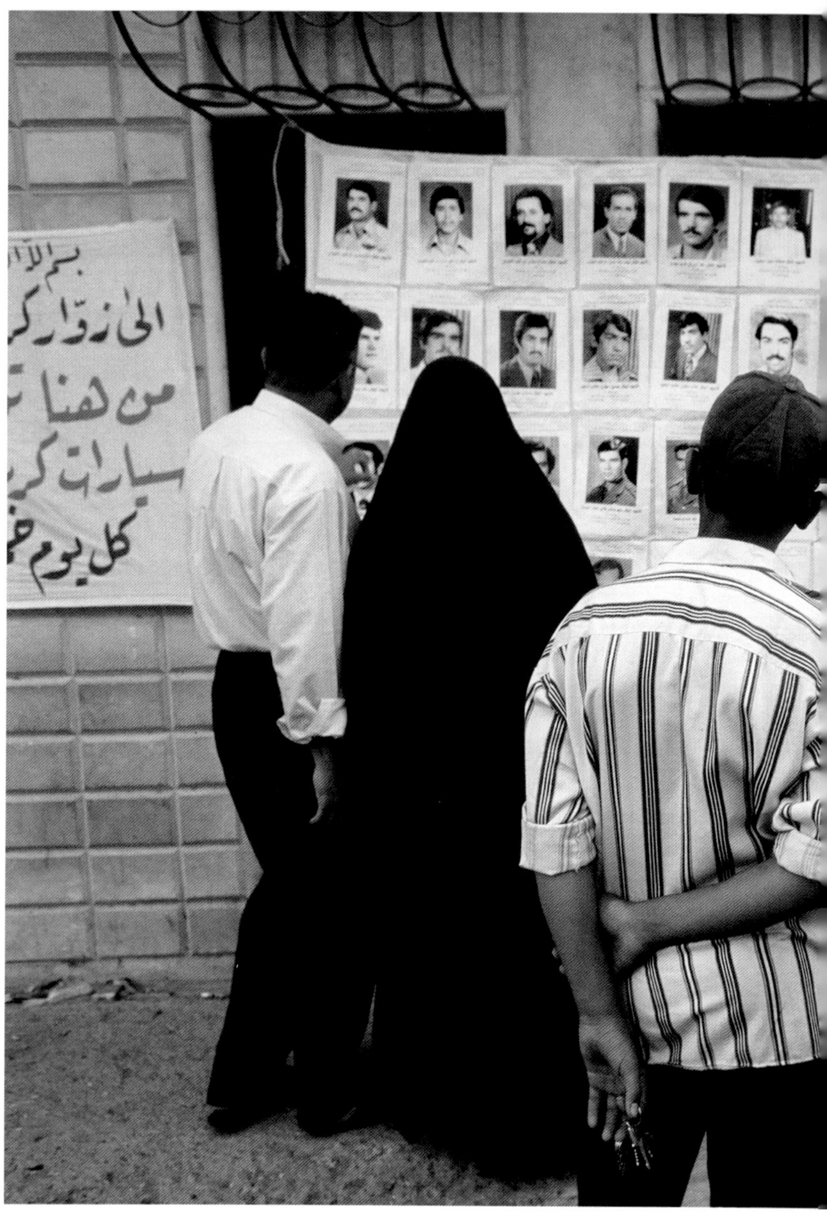

25. Retratos de desaparecidos. Bagdad, Irak, abril de 2003

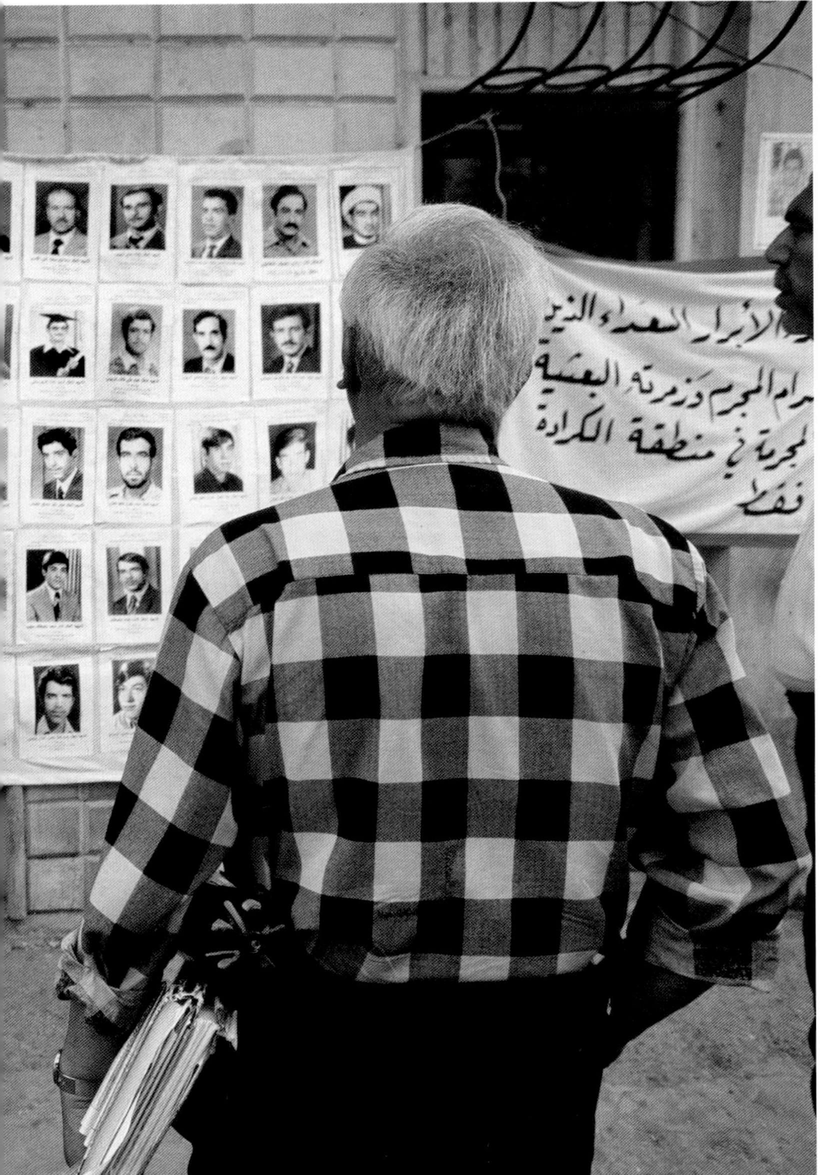
الأبرار الشهداء الذين
ام المجرم وزمرته البعثية
لمجرمة في منطقة الكرادة

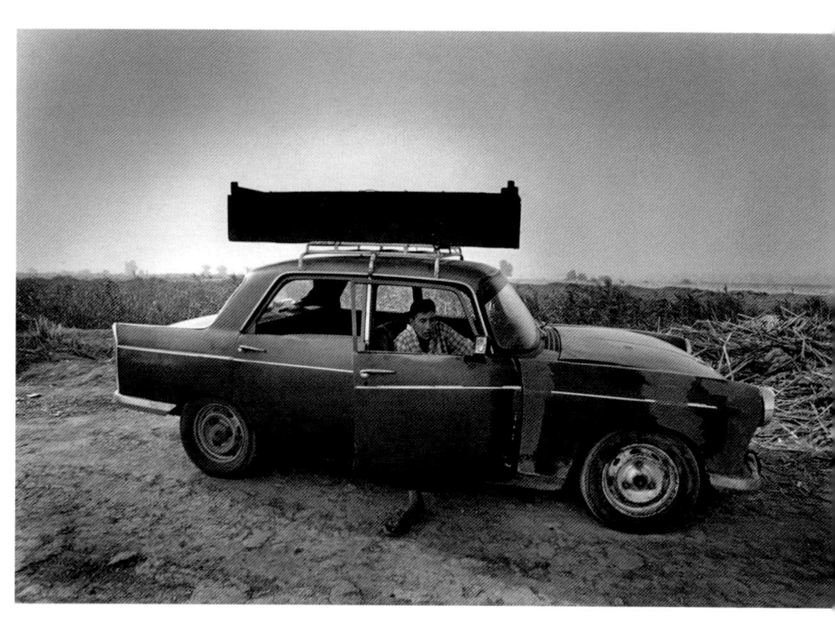

26. Esperando los muertos. Al Mahawill, Irak, mayo de 2003

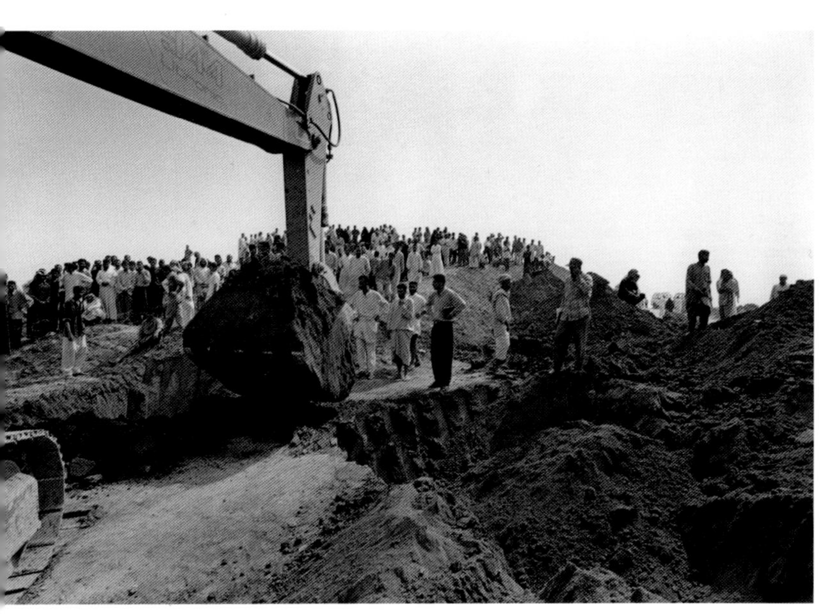

. Buscando desaparecidos. Al Mahawill, Irak, mayo de 2003

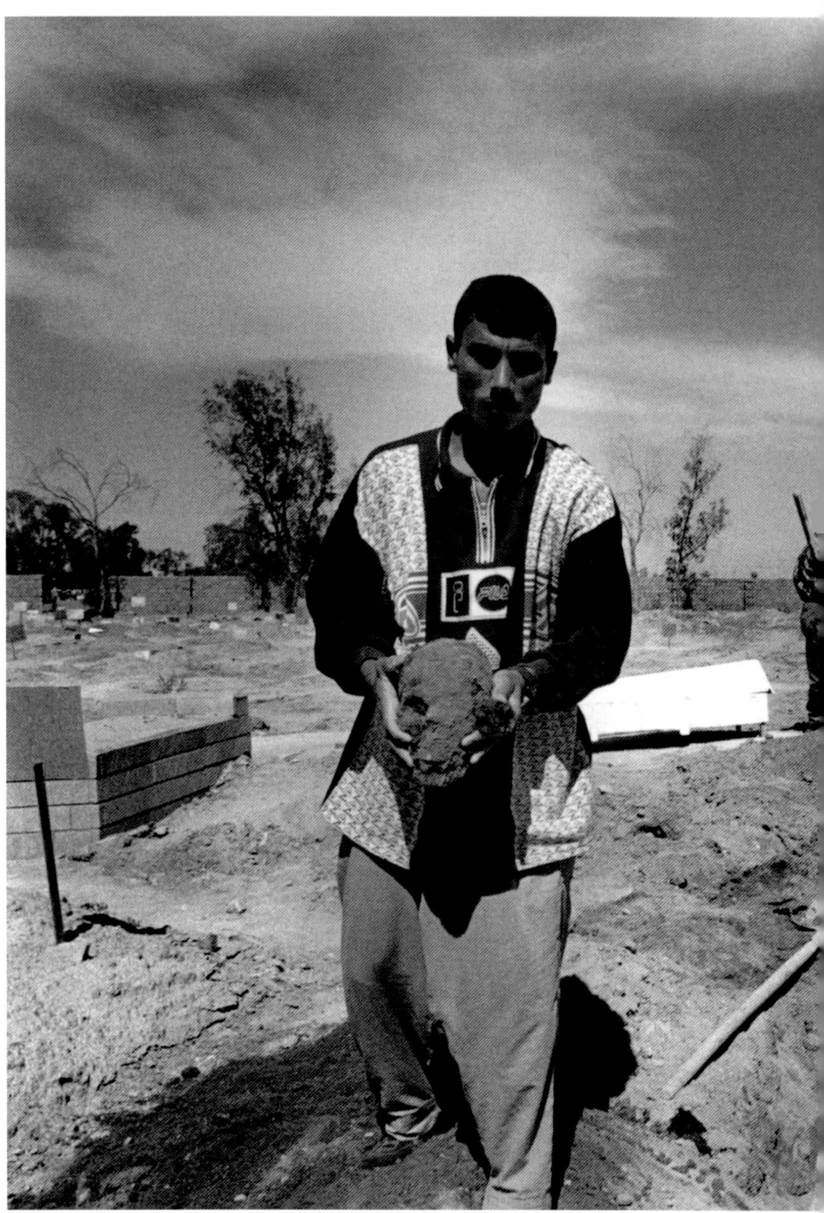

28. Exhumando en el cementerio. Abu Grahib, Irak, mayo de 2003

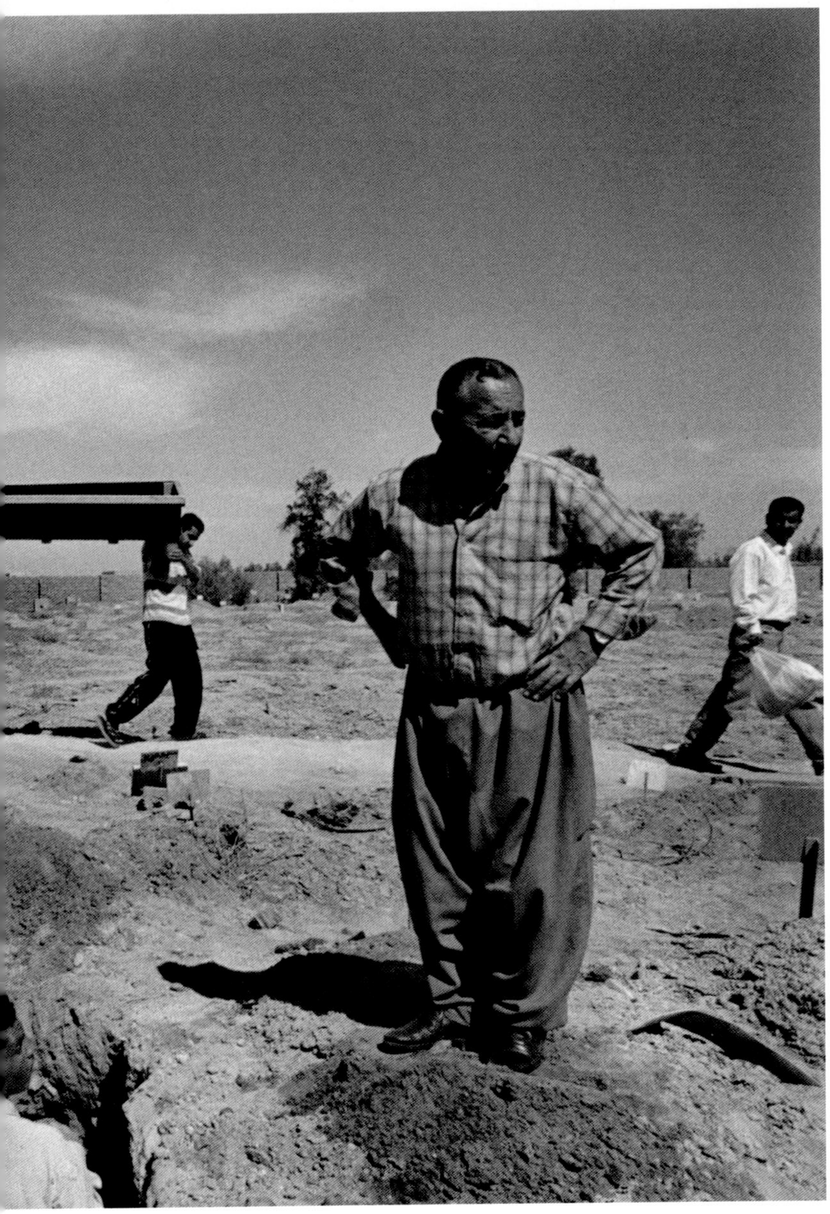

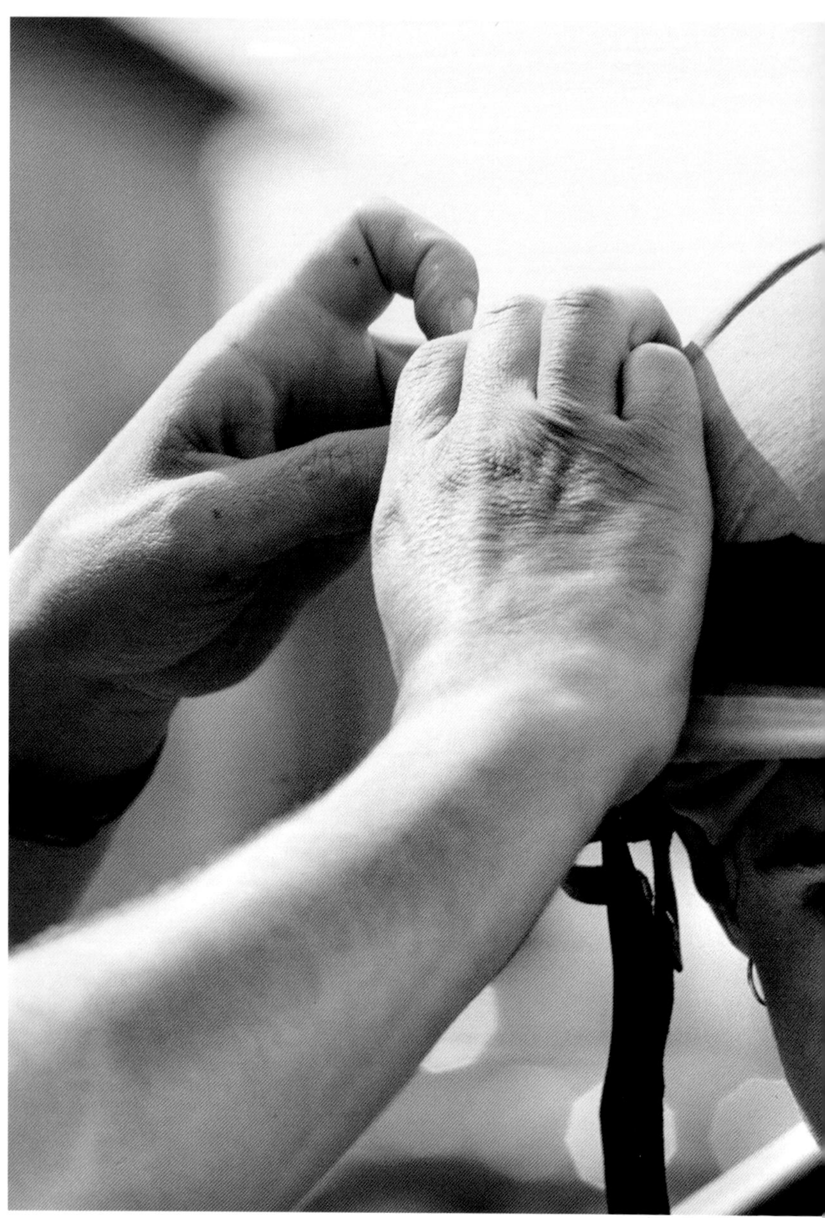

29. Osijek, Croacia, octubre de 1991

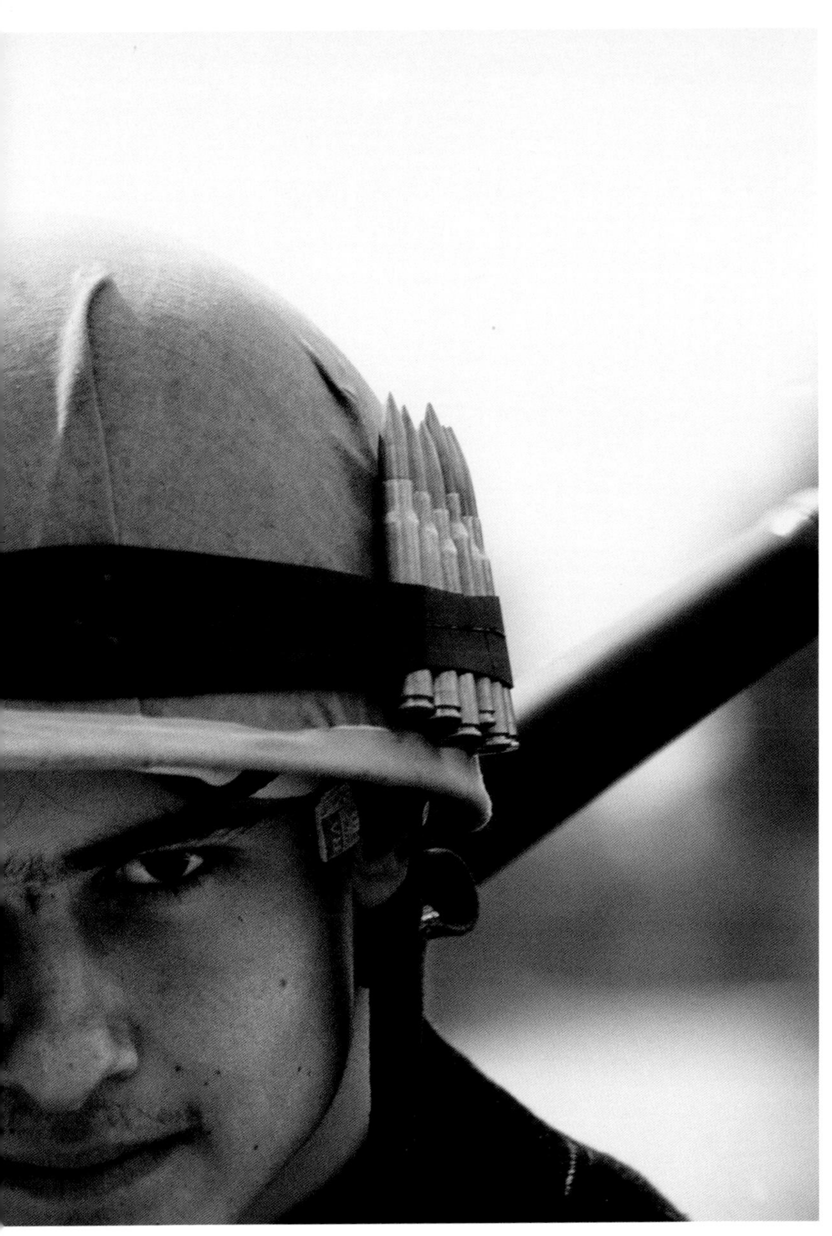

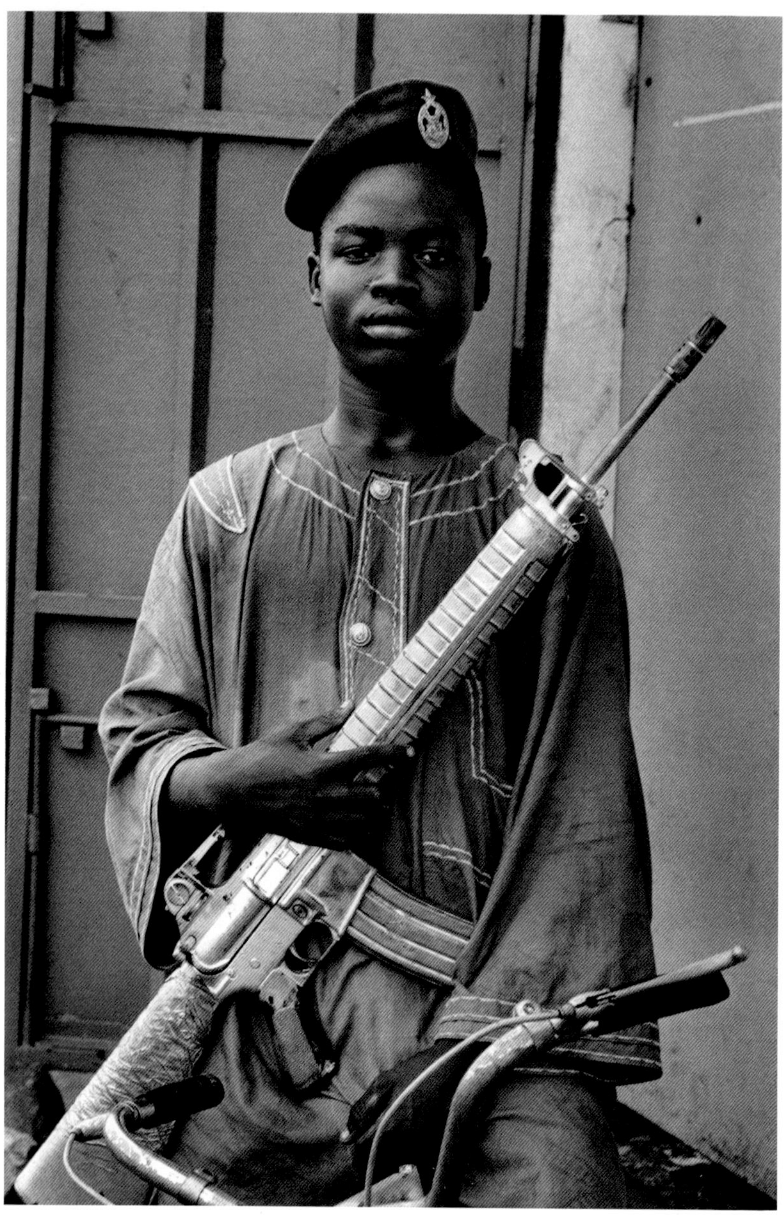

30. Patrick Jackson, 16 años. Monrovia, Liberia, mayo de 1996

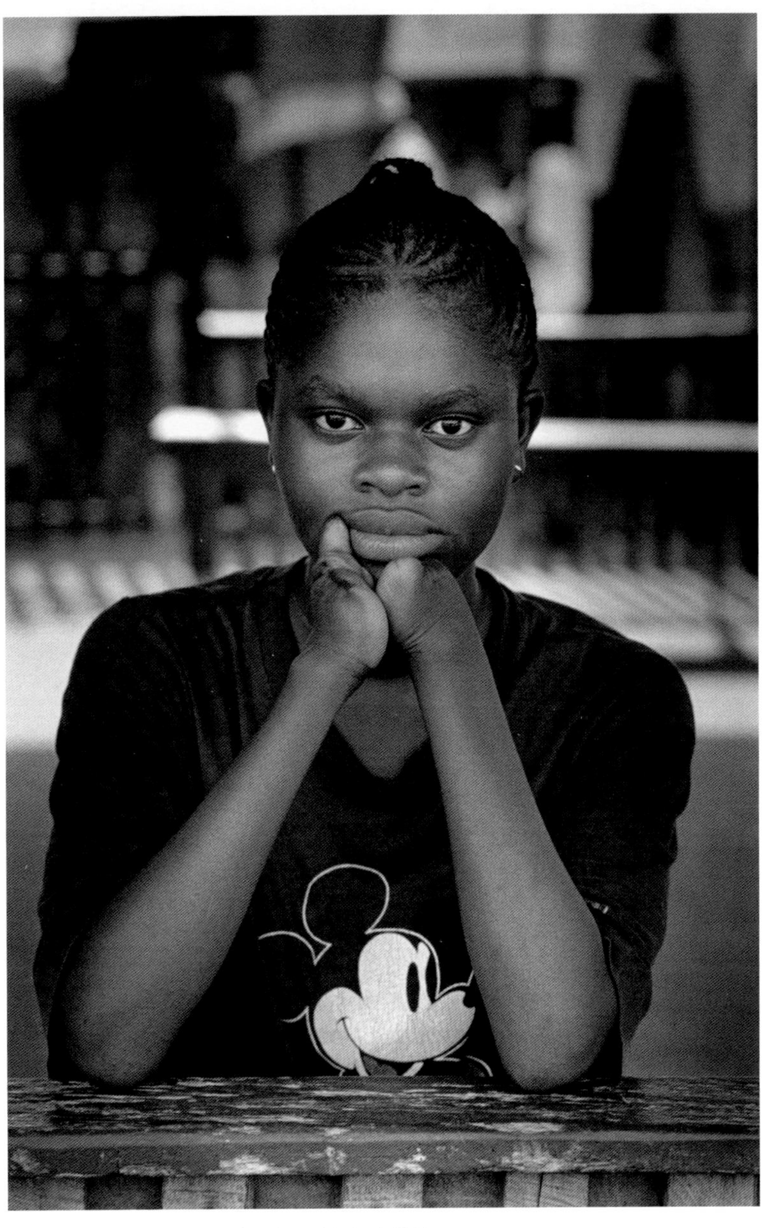

31. Hawa Kargbo, 15 años. Freetown, Sierra Leona, diciembre de 2000

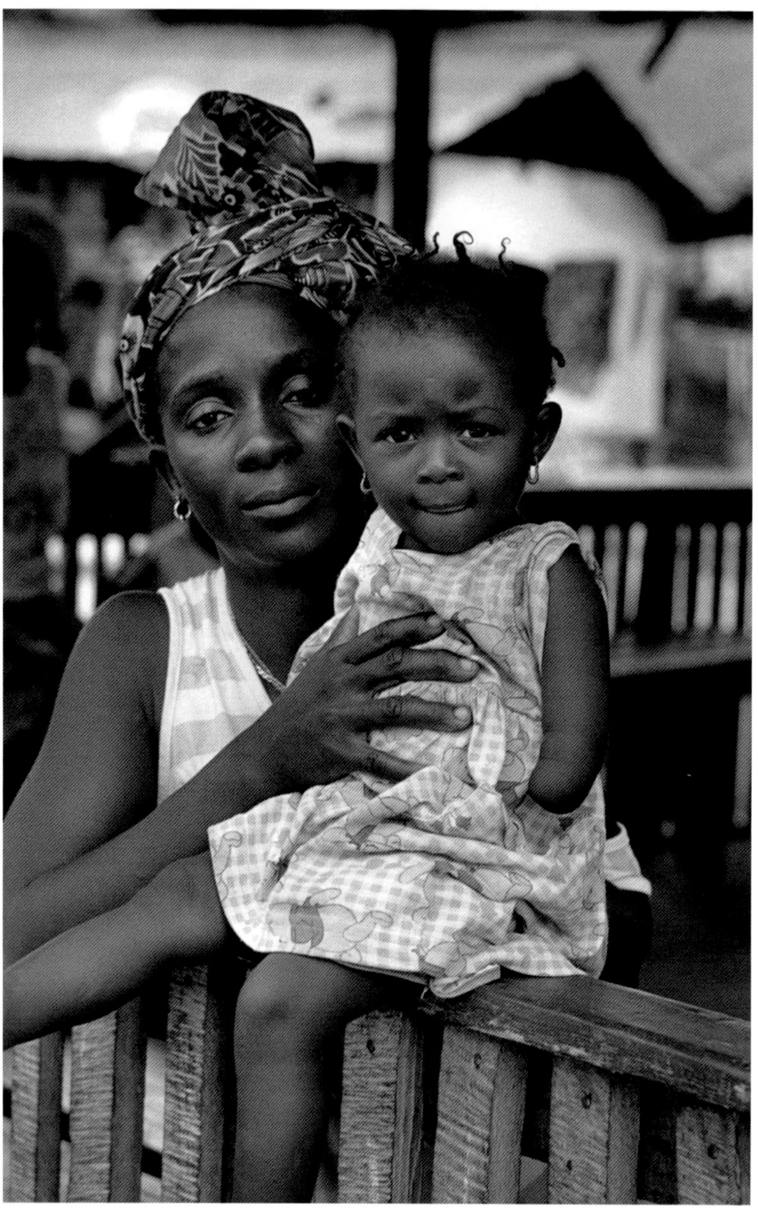

32. Marie Koroma, 3 años, con su mamá. Freetown, Sierra Leona, diciembre de 2000

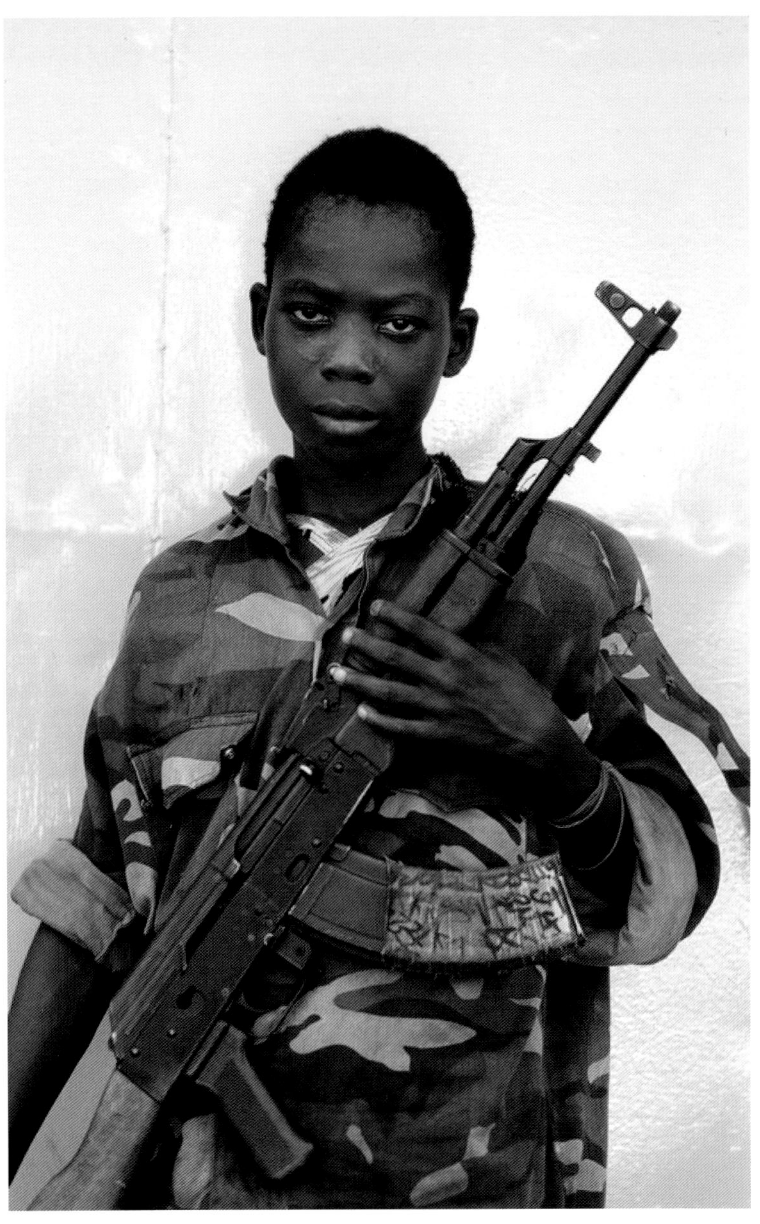

33. Prince Lonfgon, 14 años. Monrovia, Liberia, mayo de 1996

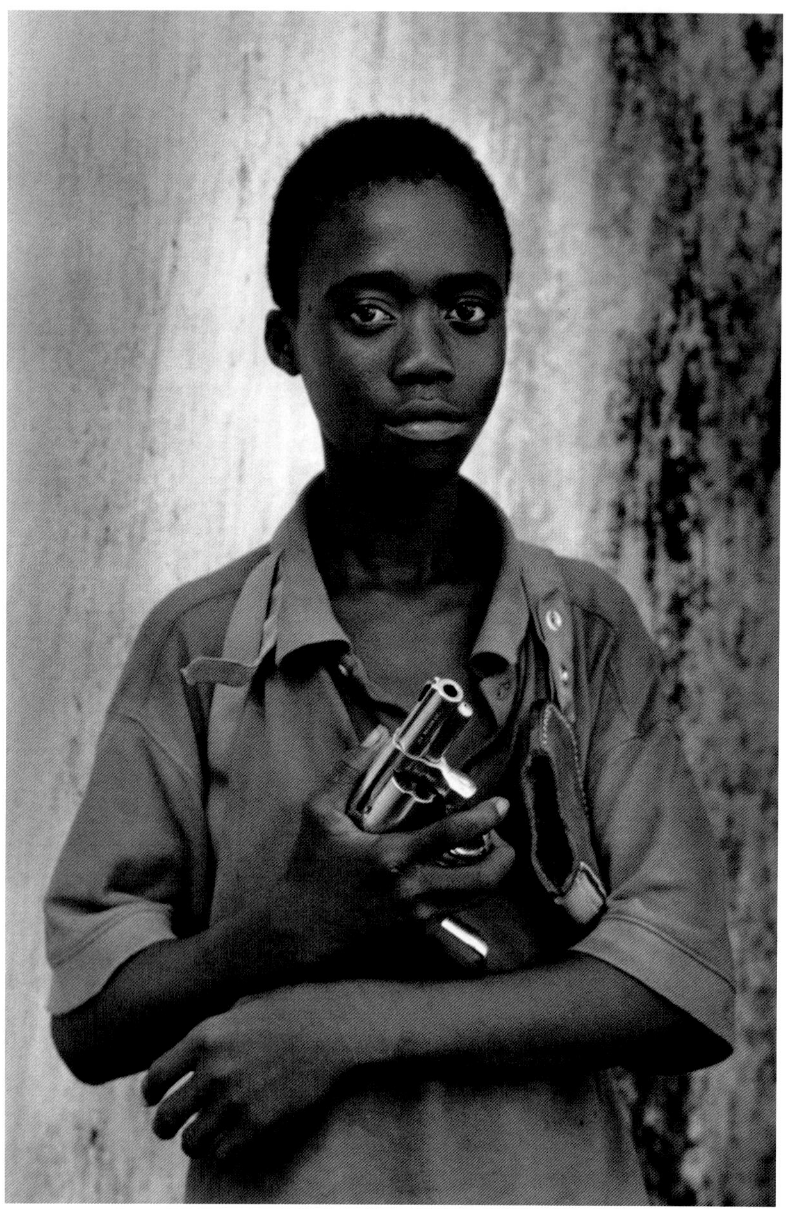

34. Tato Sherman, 16 años. Monrovia, Liberia, mayo de 1996

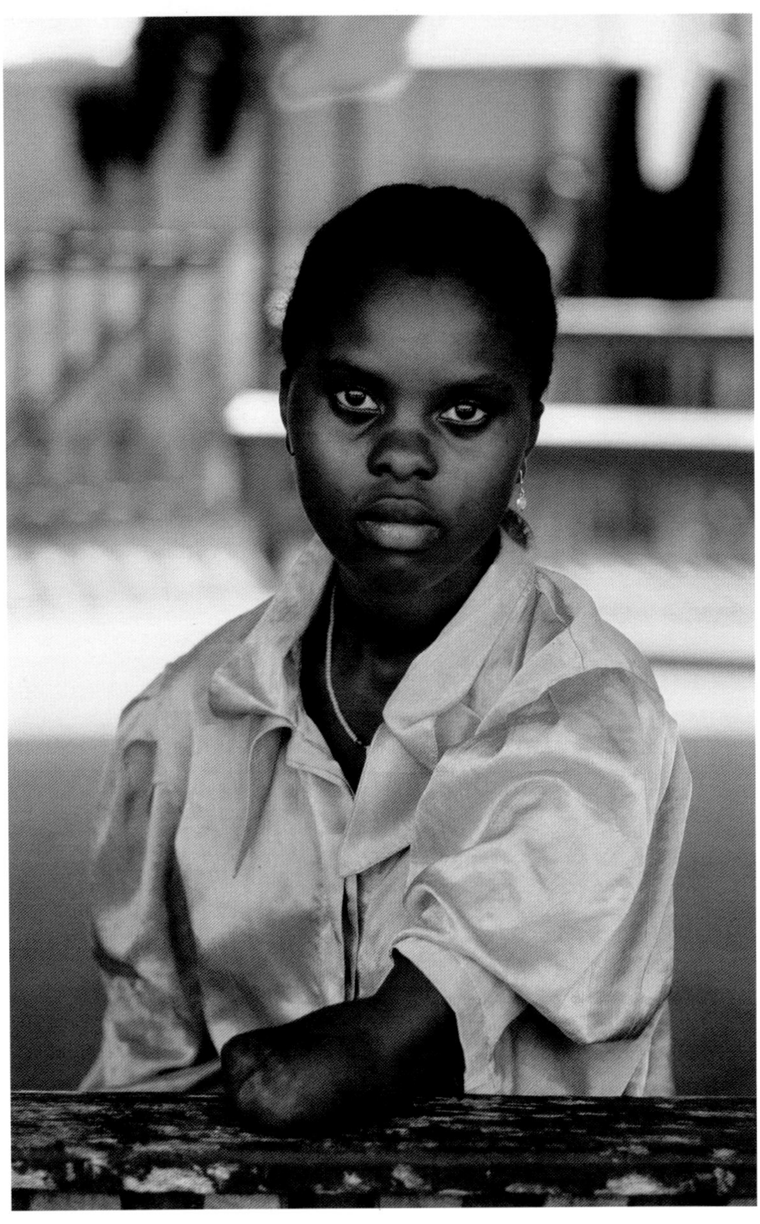

35. Mabinty Kanu, 12 años. Freetown, Sierra Leona, diciembre de 2000

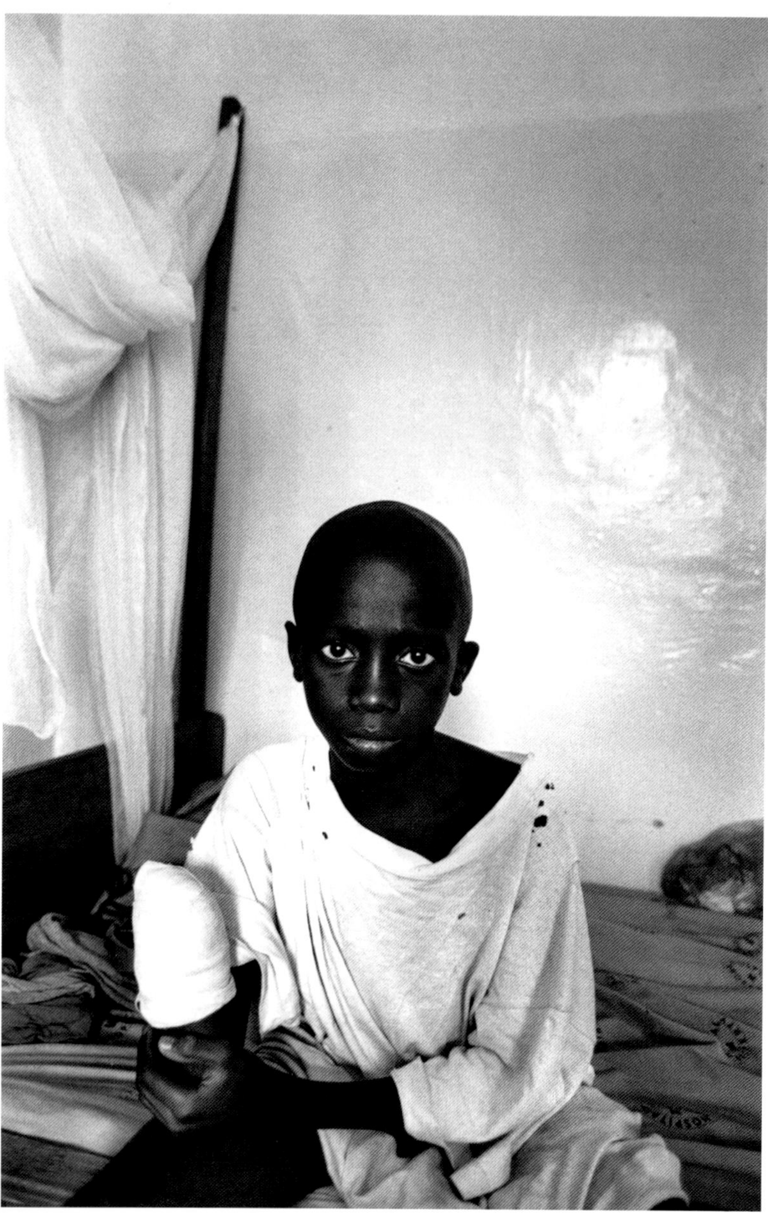

36. Bojeh Kamara, 16 años. Freetown, Sierra Leona, enero de 1999

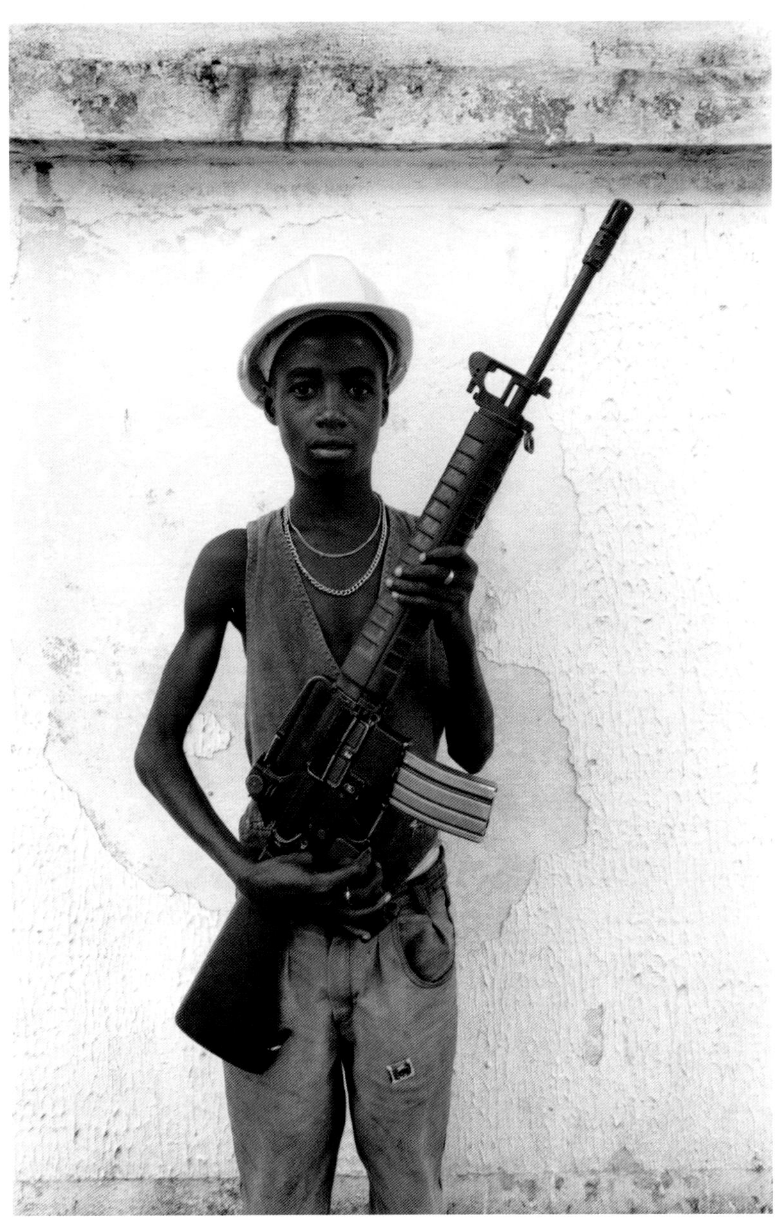

37. Alex Myee, 16 años. Monrovia, Liberia, mayo de 1996

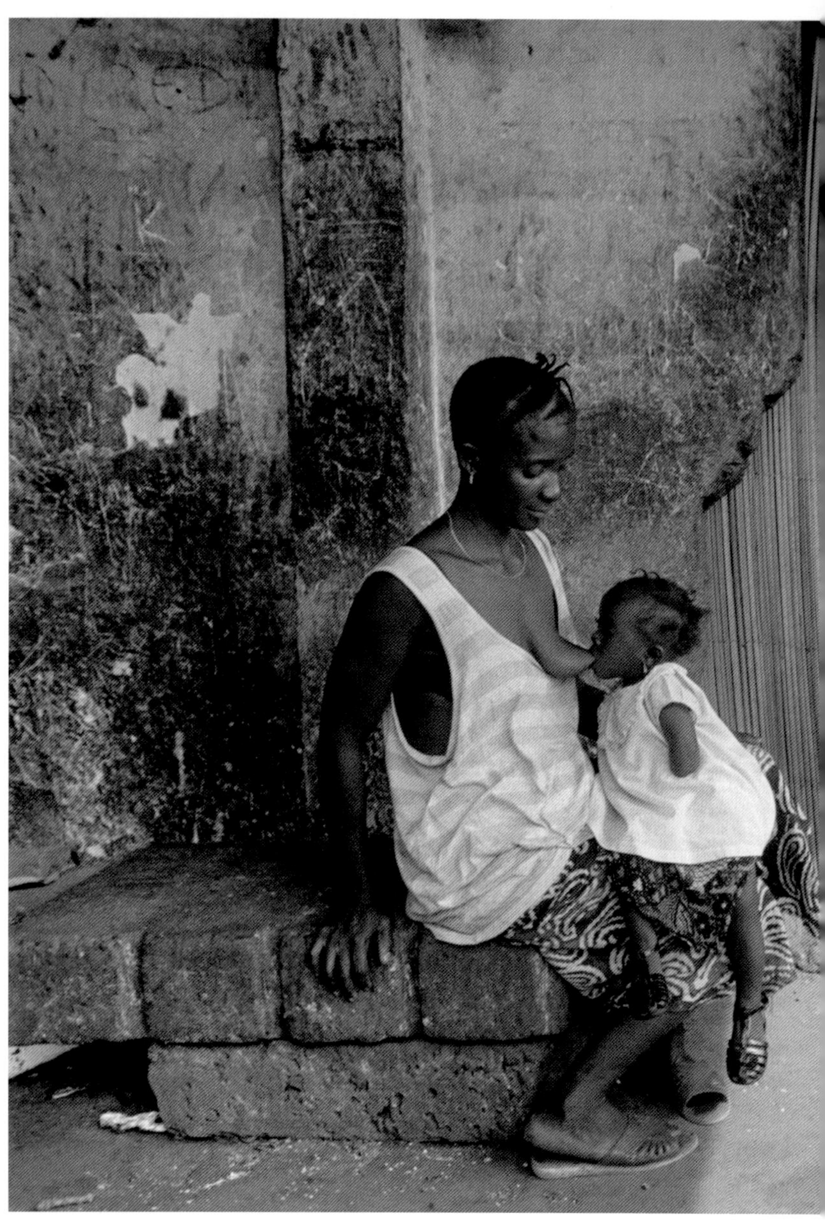

38. Marie Koroma con su madre. Freetown, Sierra Leona, mayo de 2000

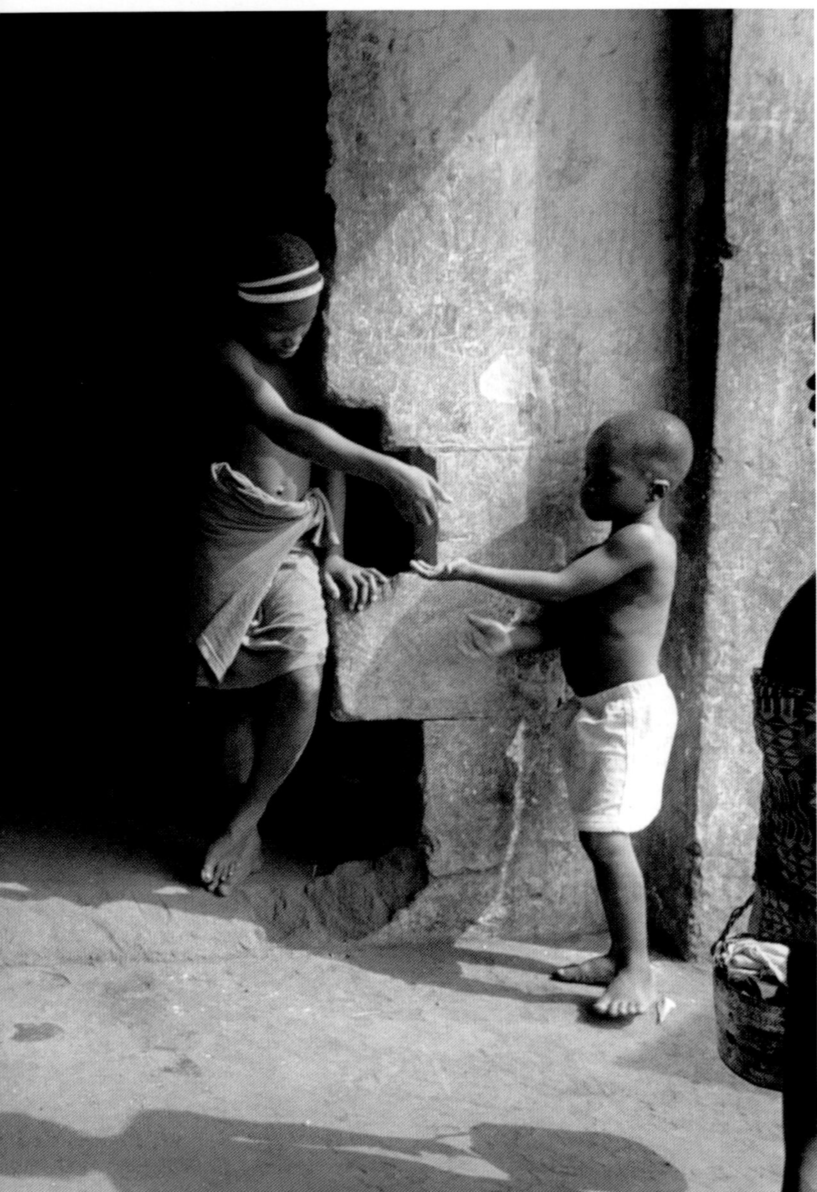

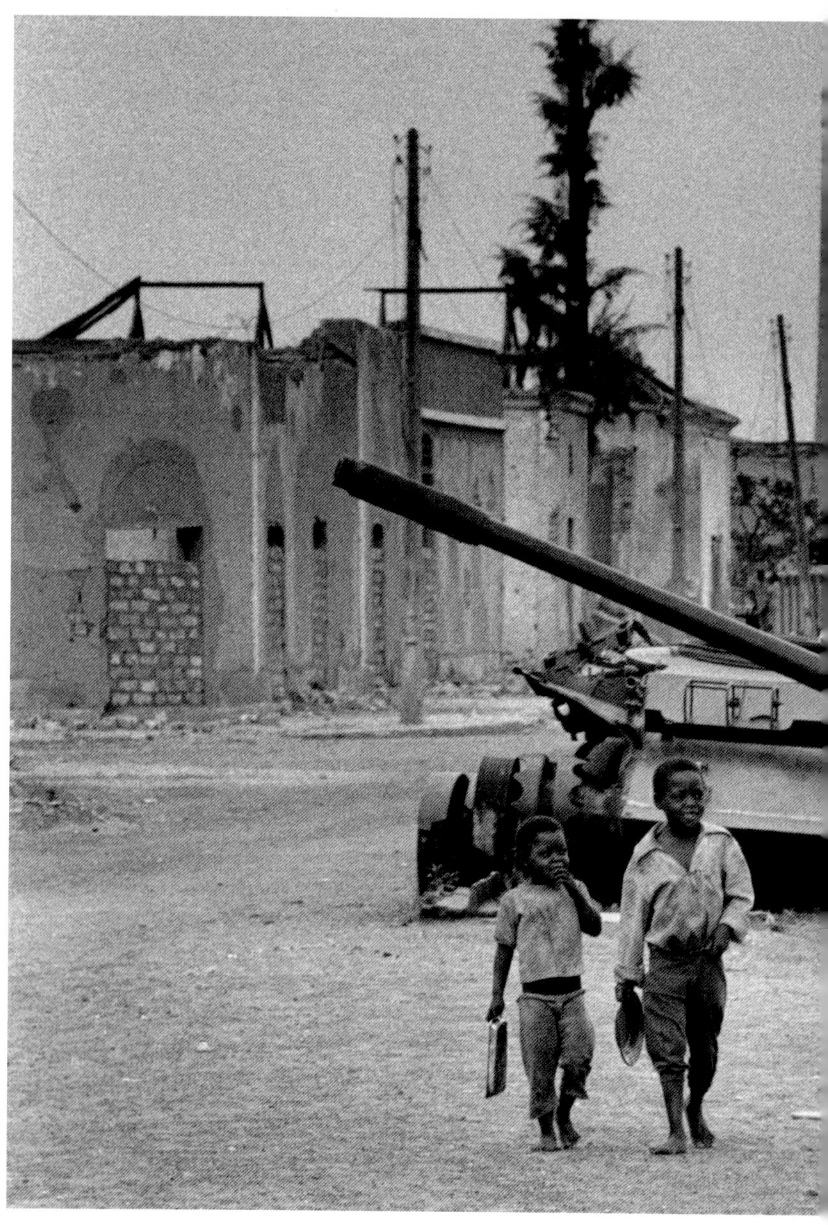

39. Cunje, Angola, septiembre de 1995

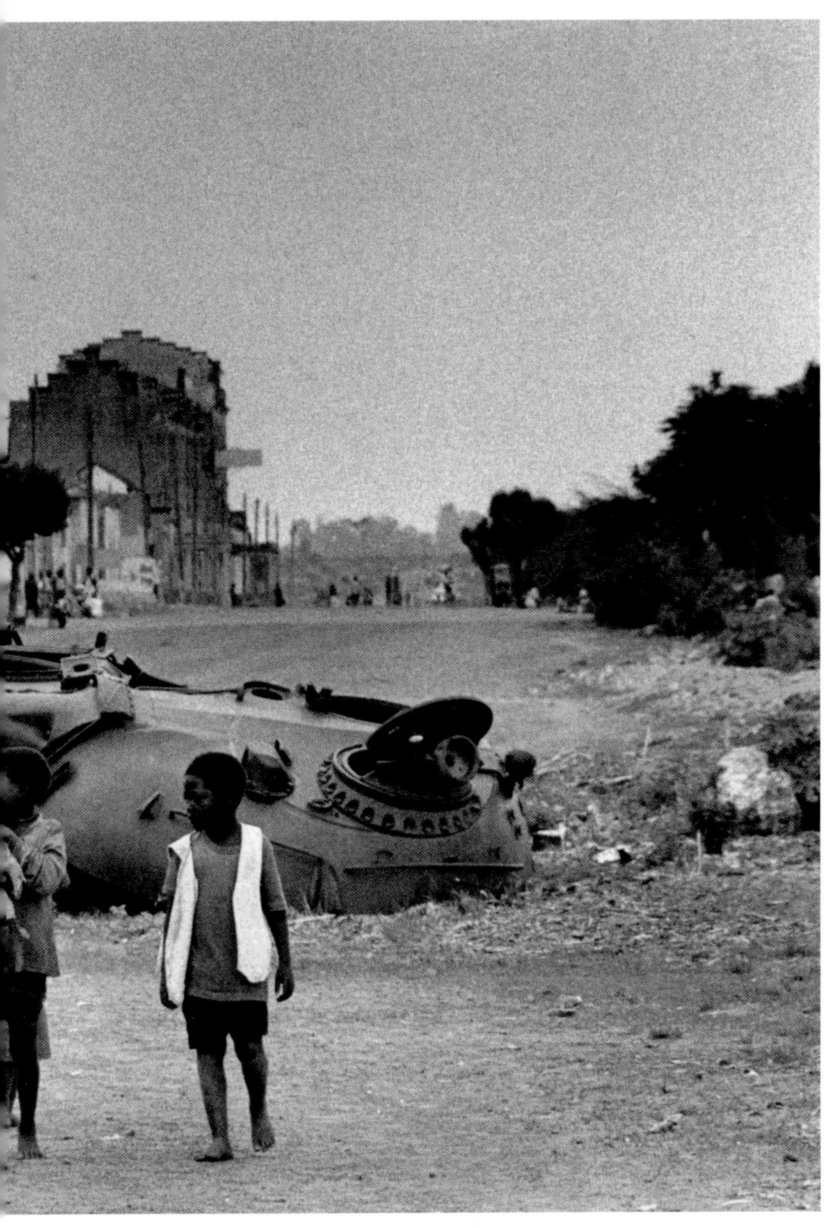

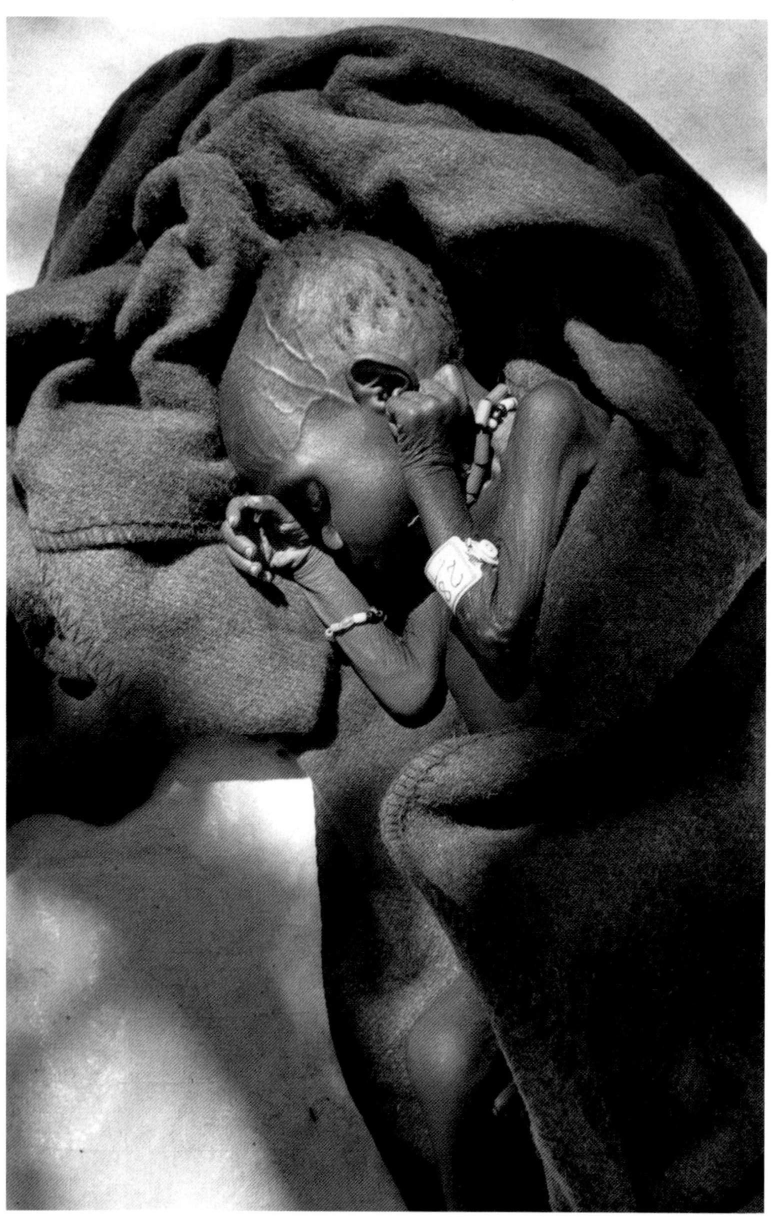

40. Mapel, Sudán, octubre de 1998

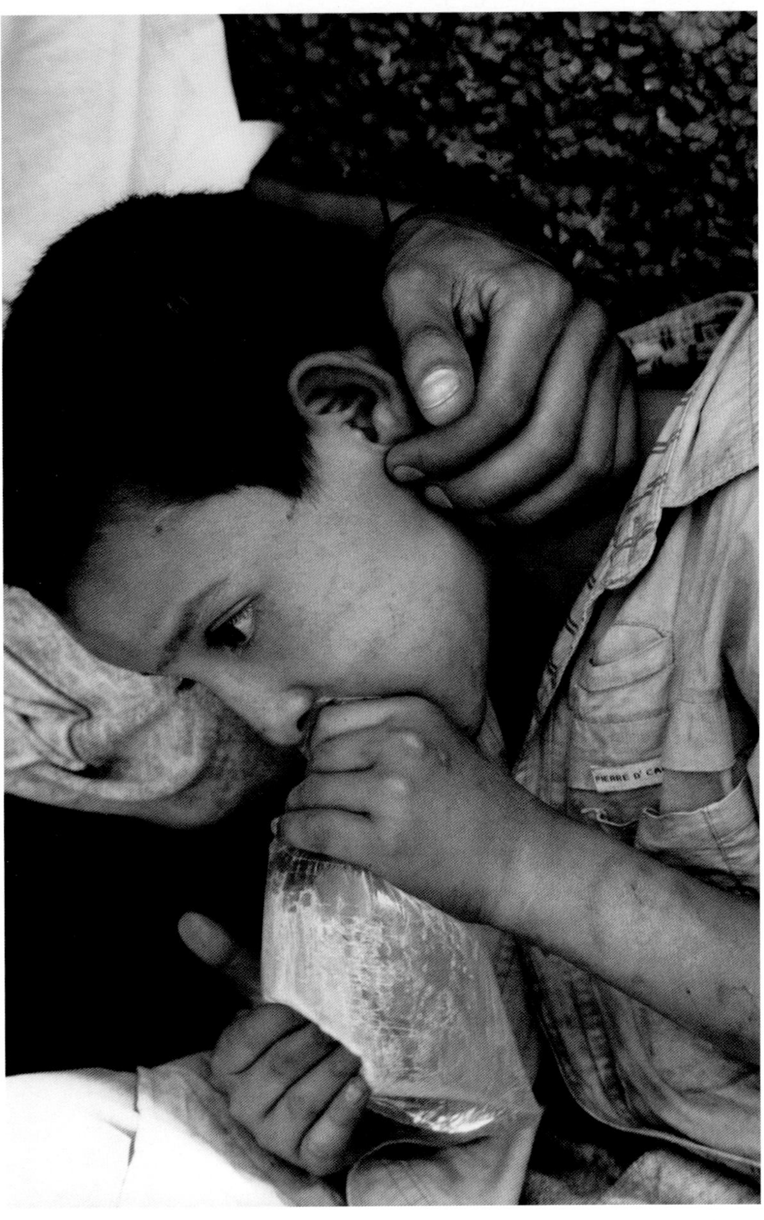

41. Inhalando pegamento. Ciudad de Guatemala, Guatemala, febrero de 1992

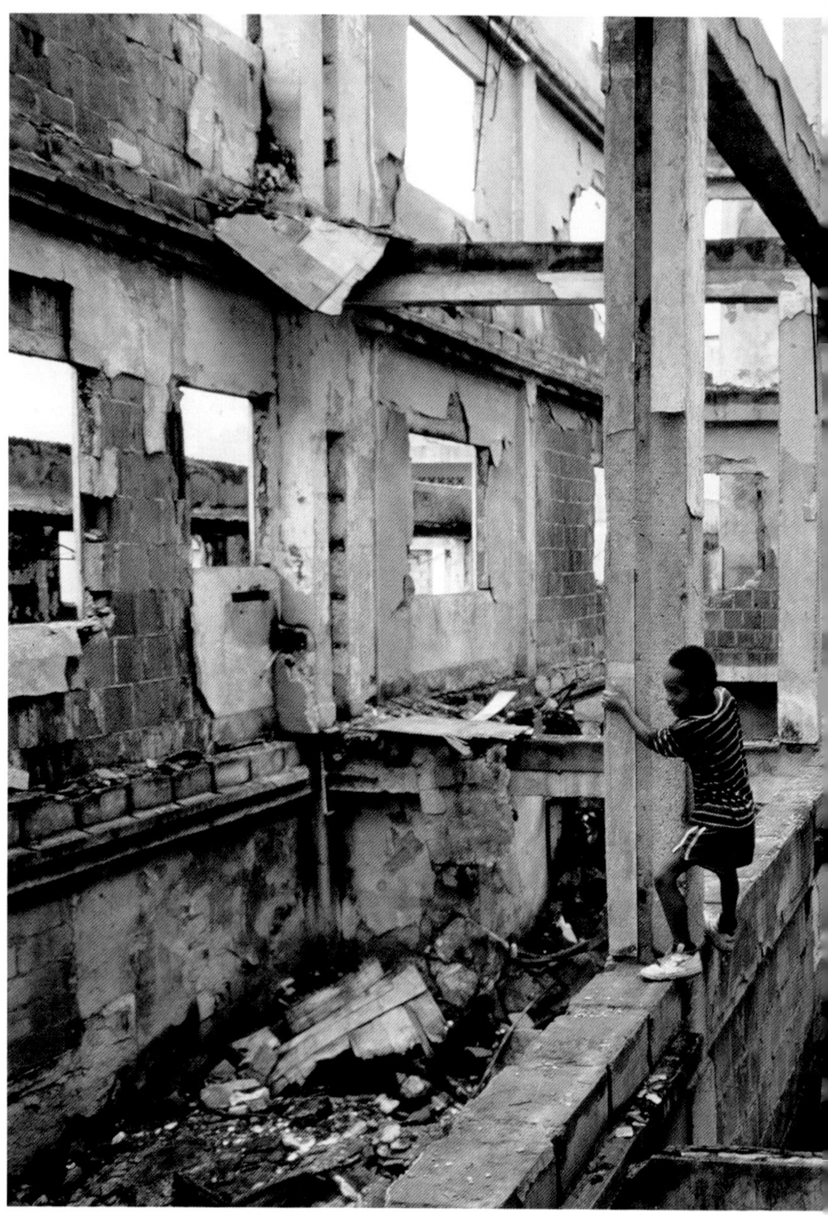

42. Después de la invasión. Ciudad de Panamá, Panamá, noviembre de 1991

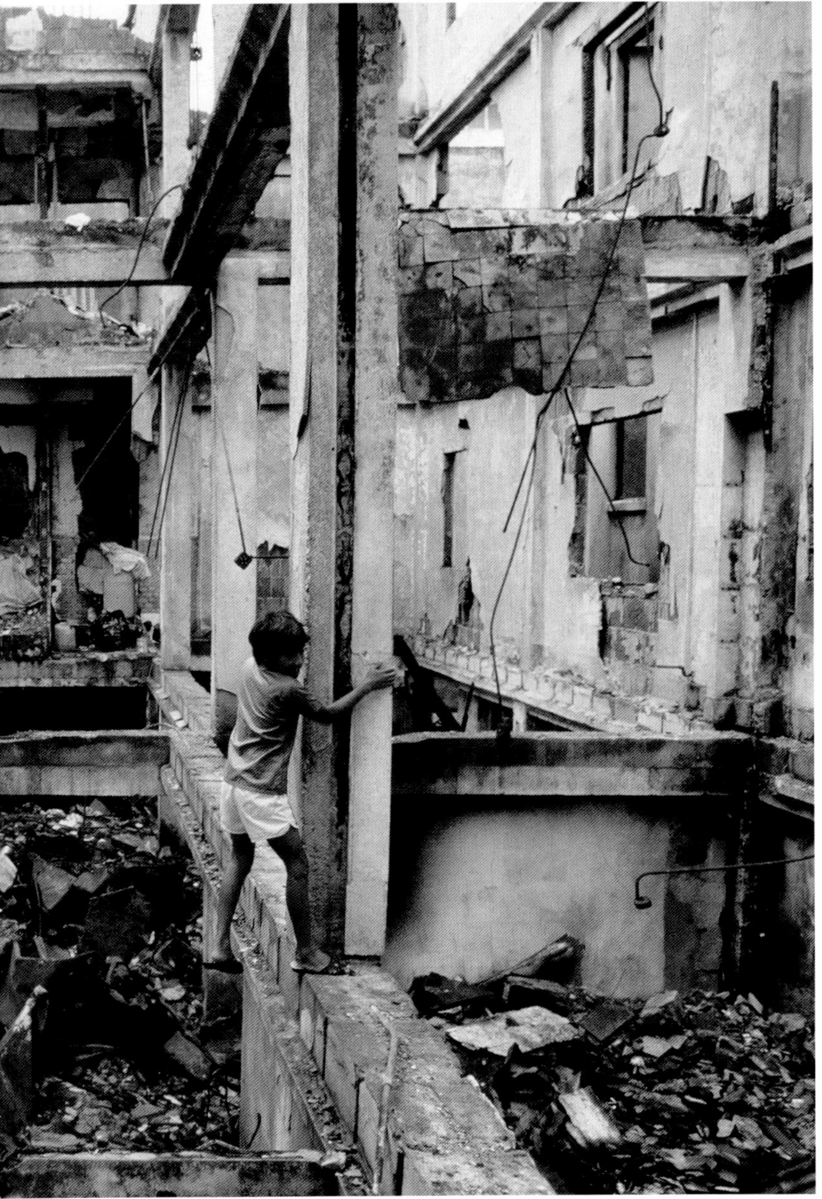

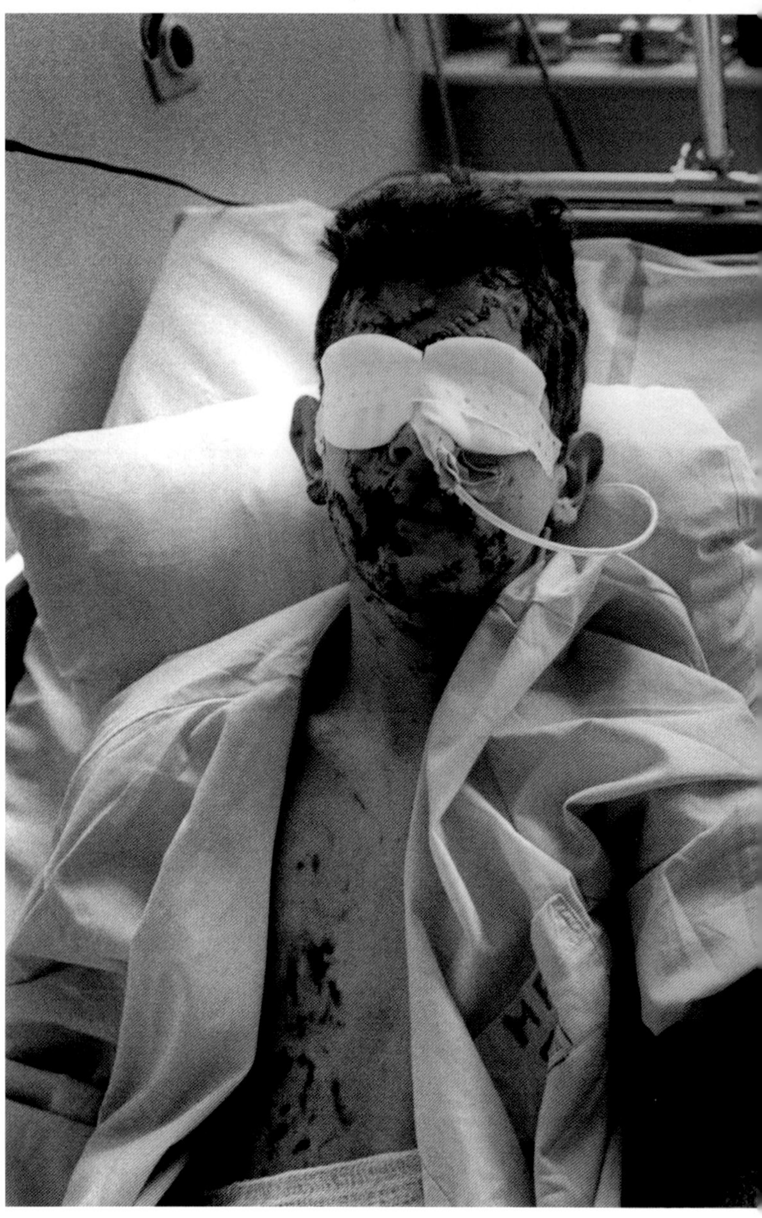

43. Adis Smajic, herido por una mina. Sarajevo, Bosnia- Herzegovina, marzo de 1996

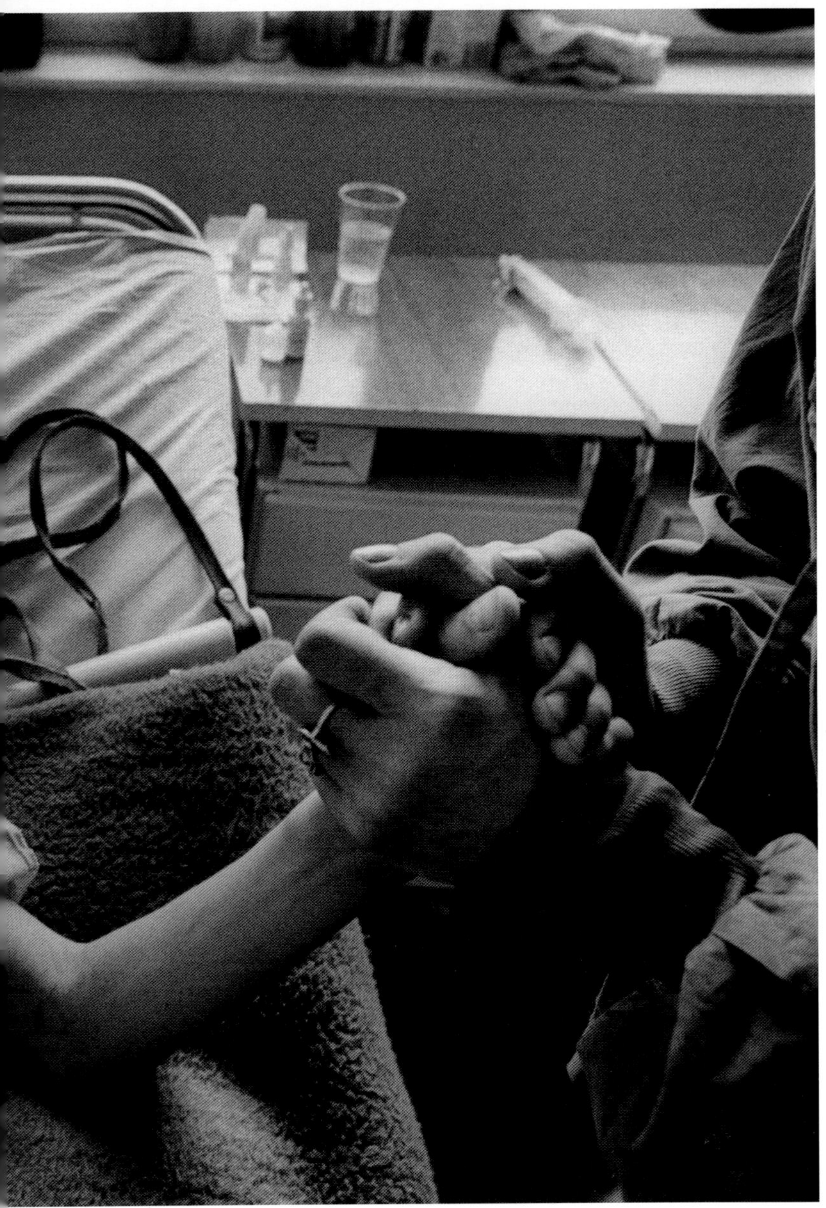

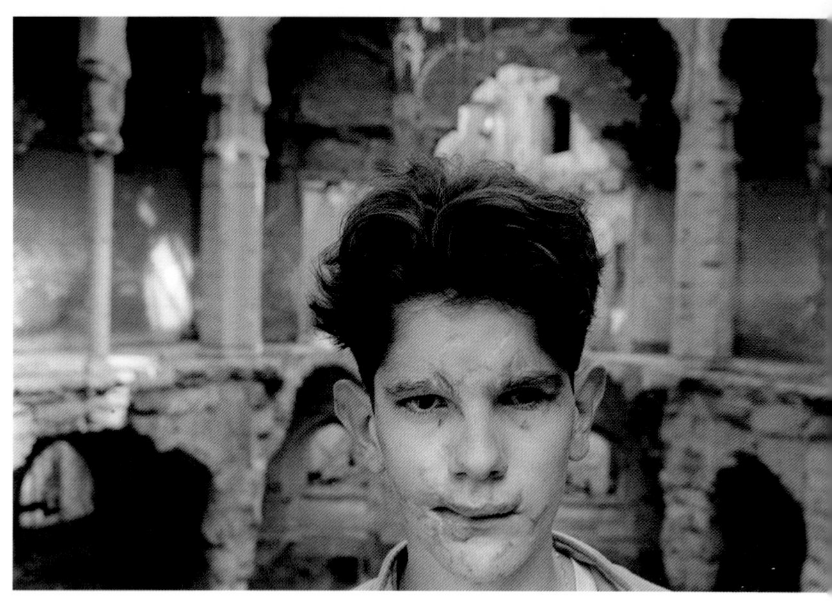

44. Adis Smajic. Sarajevo, Bosnia-Herzegovina, septiembre de 1996

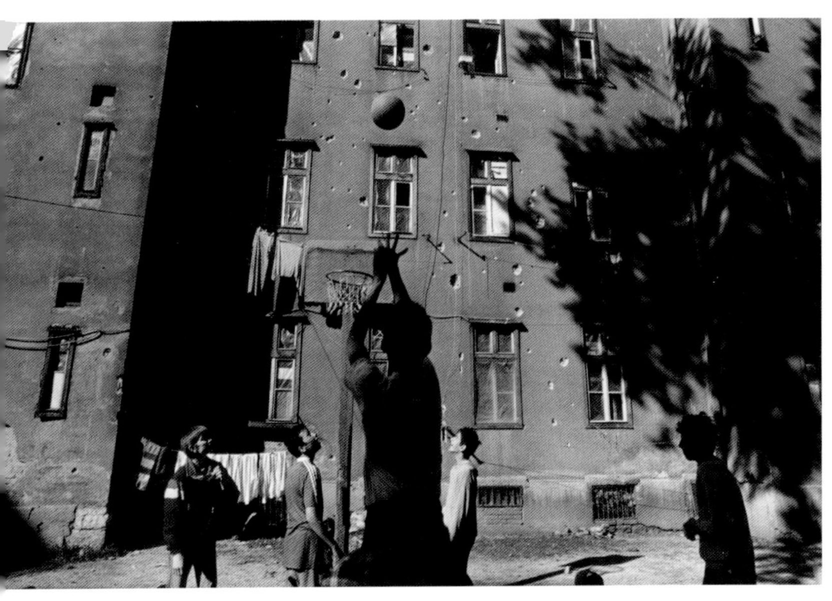

45. Sarajevo, Bosnia-Herzegovina, octubre de 1993

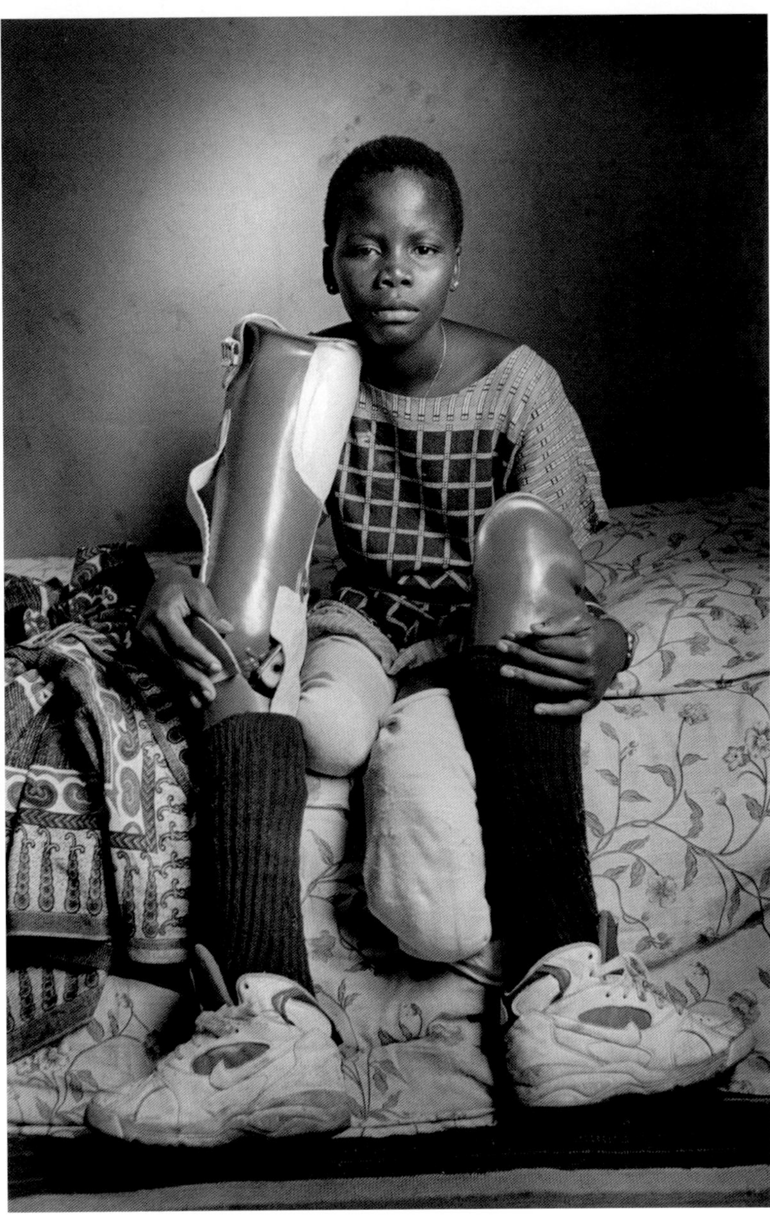

46. Sofía Elface Fumo, víctima de una mina. Massaca, Mozambique, febrero de 1997

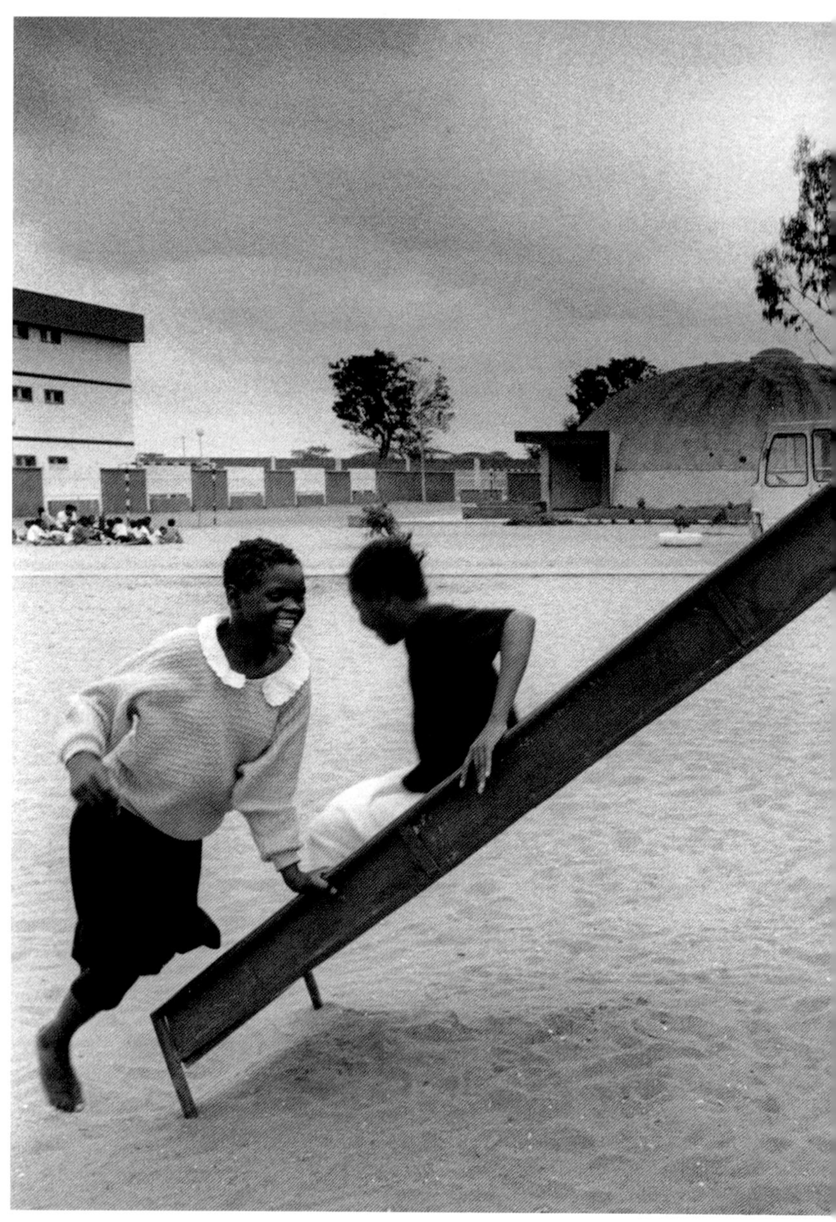

47. Víctimas de minas antipersonas. Luanda, Angola, septiembre de 1995

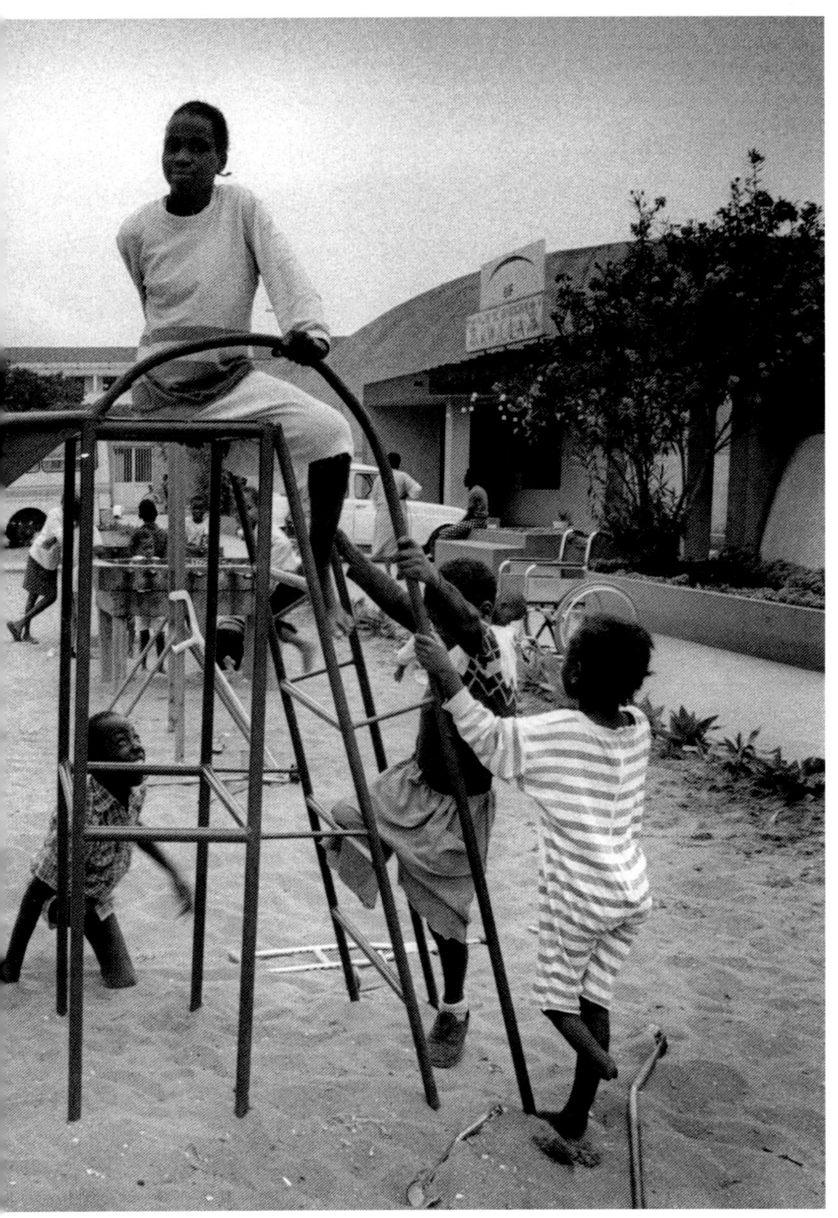

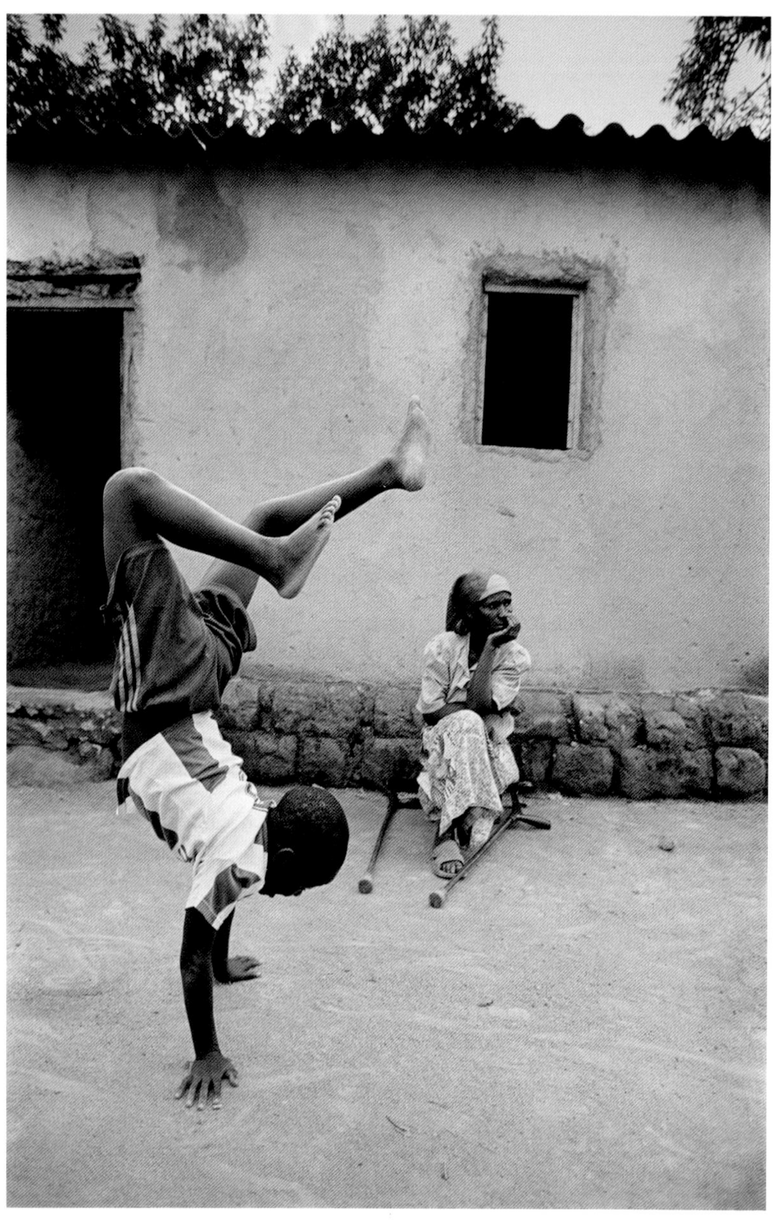

48. Joaquina Natchilombo y su hijo Titu. Kamussamba, Angola, noviembre de 2006

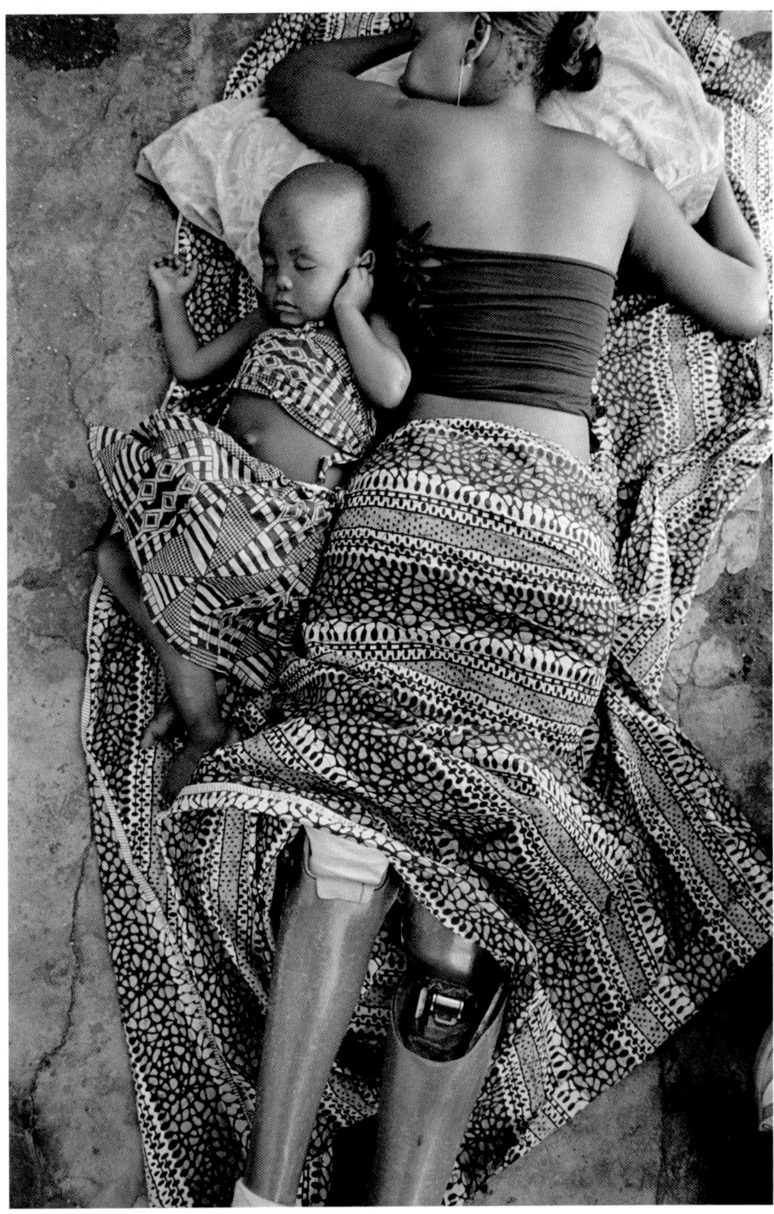

49. Sofia y Alia. Massaca, Mozambique, marzo de 2007

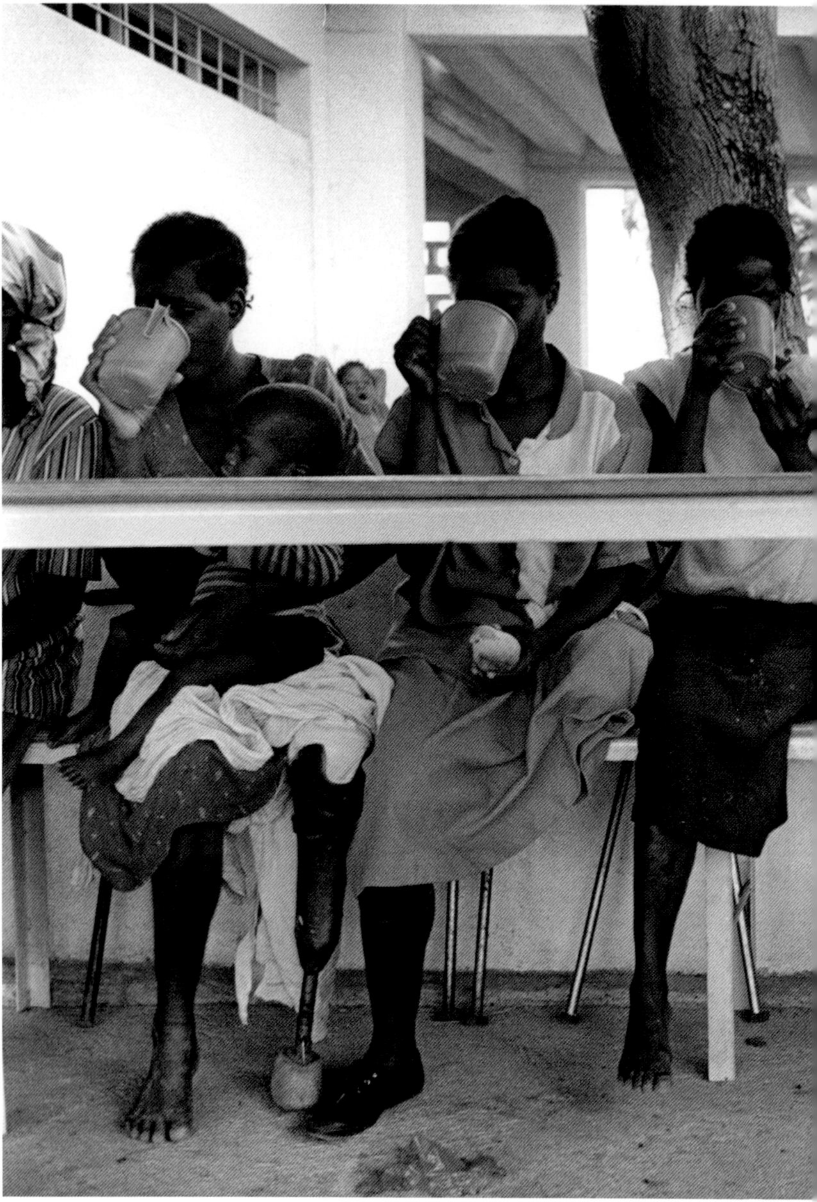

50. Centro ortopédico. Huambo, Angola, febrero de 1997

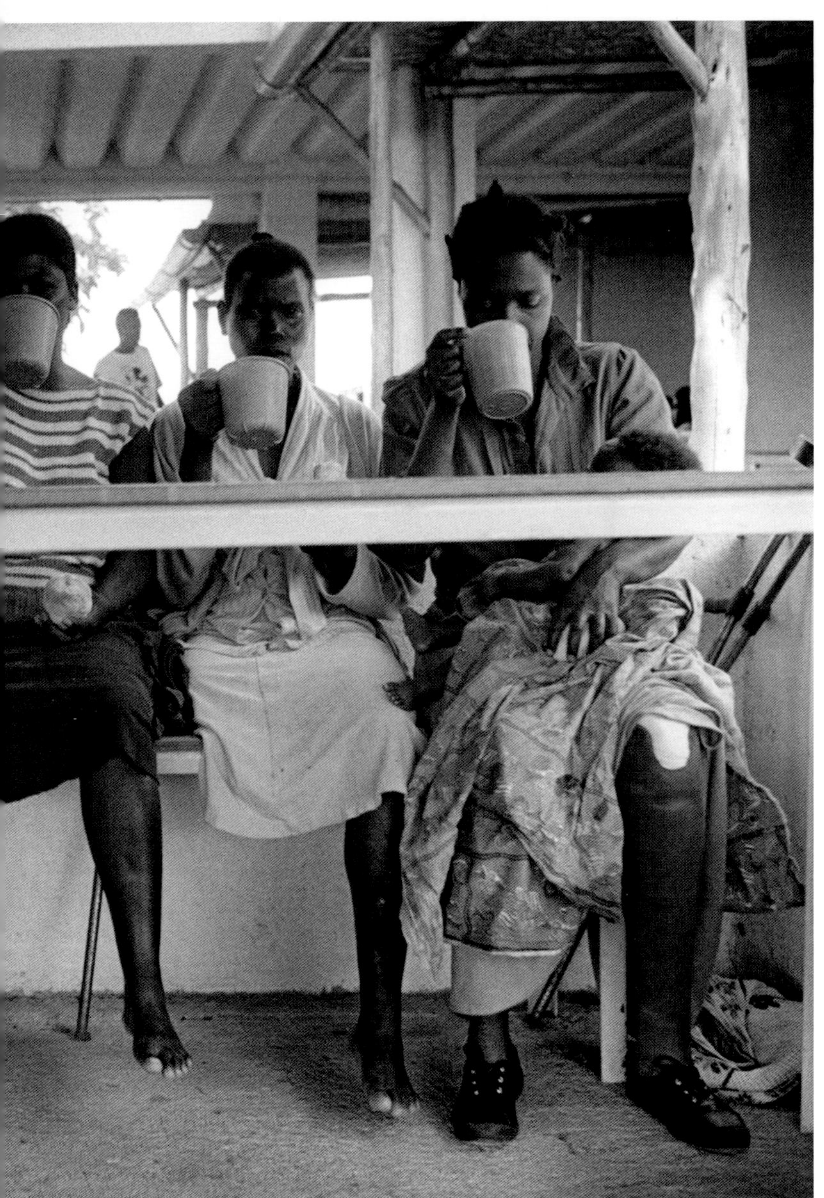

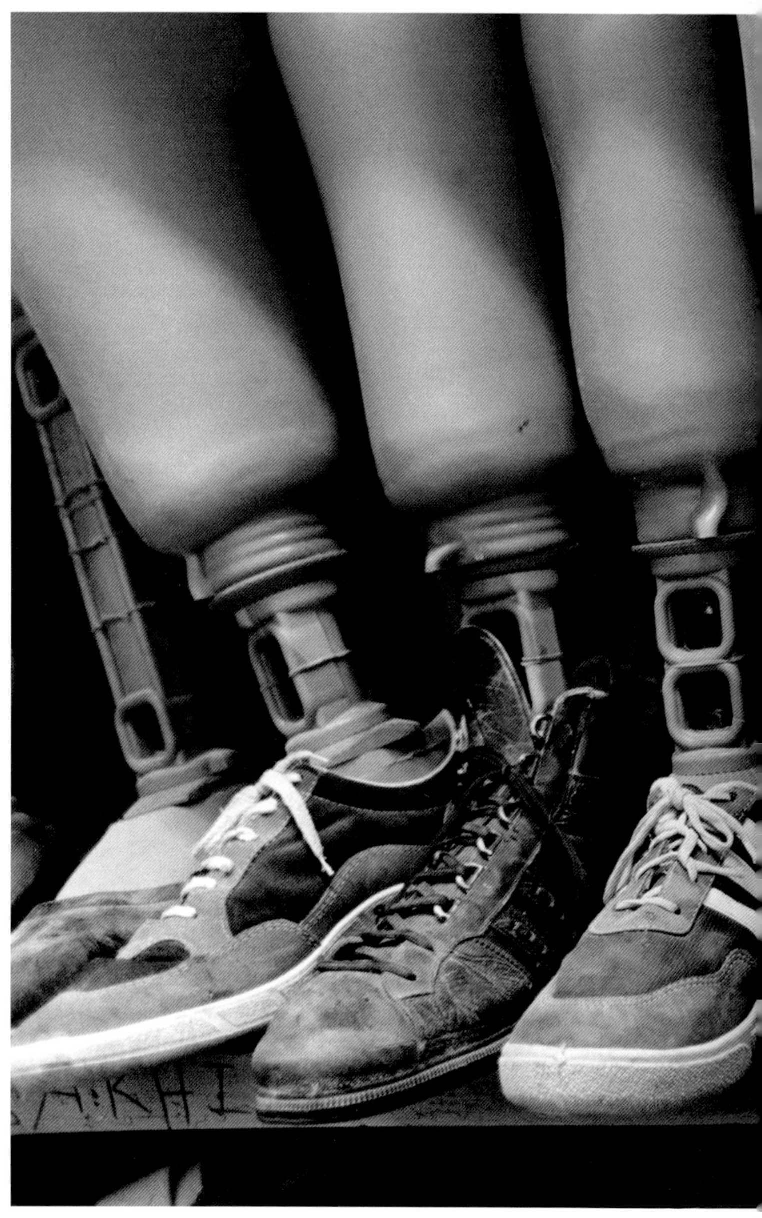

51. Prótesis. Kabul, Afganistán, agosto de 1996

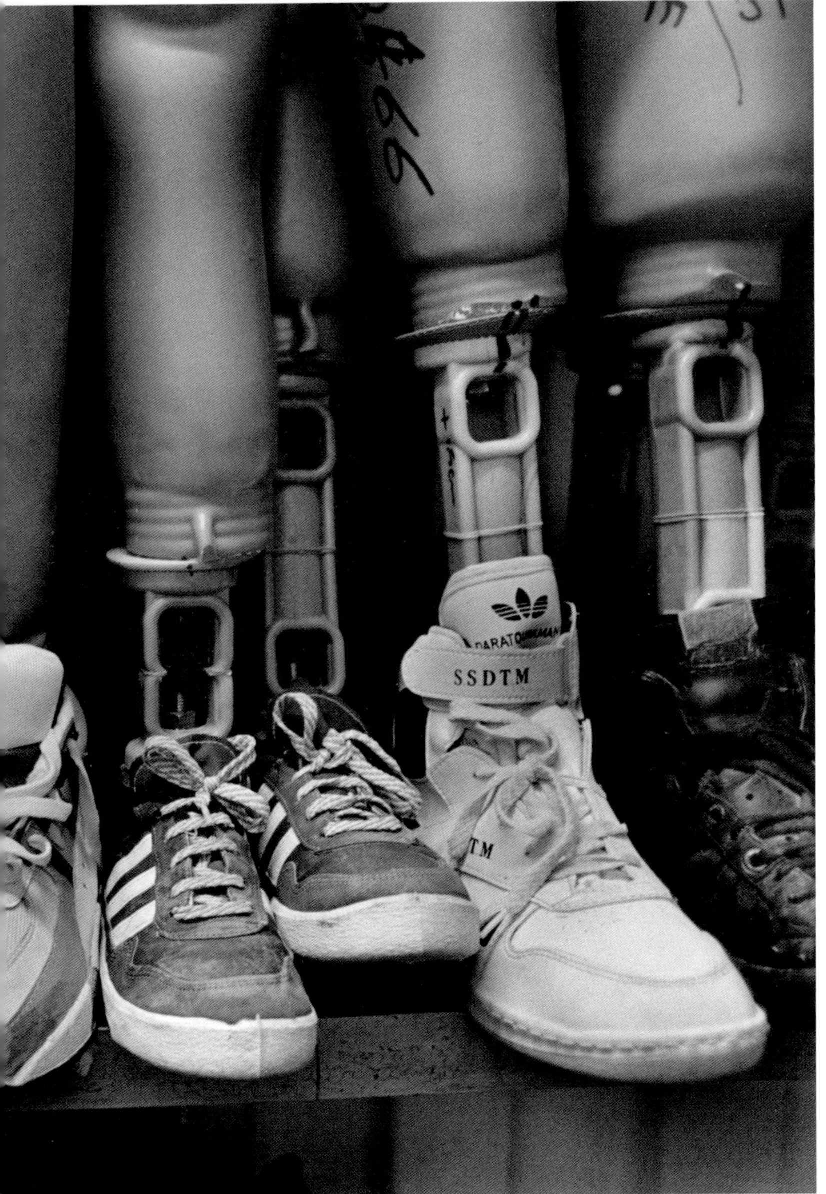

nARATOURMAN
SSDTM
TM

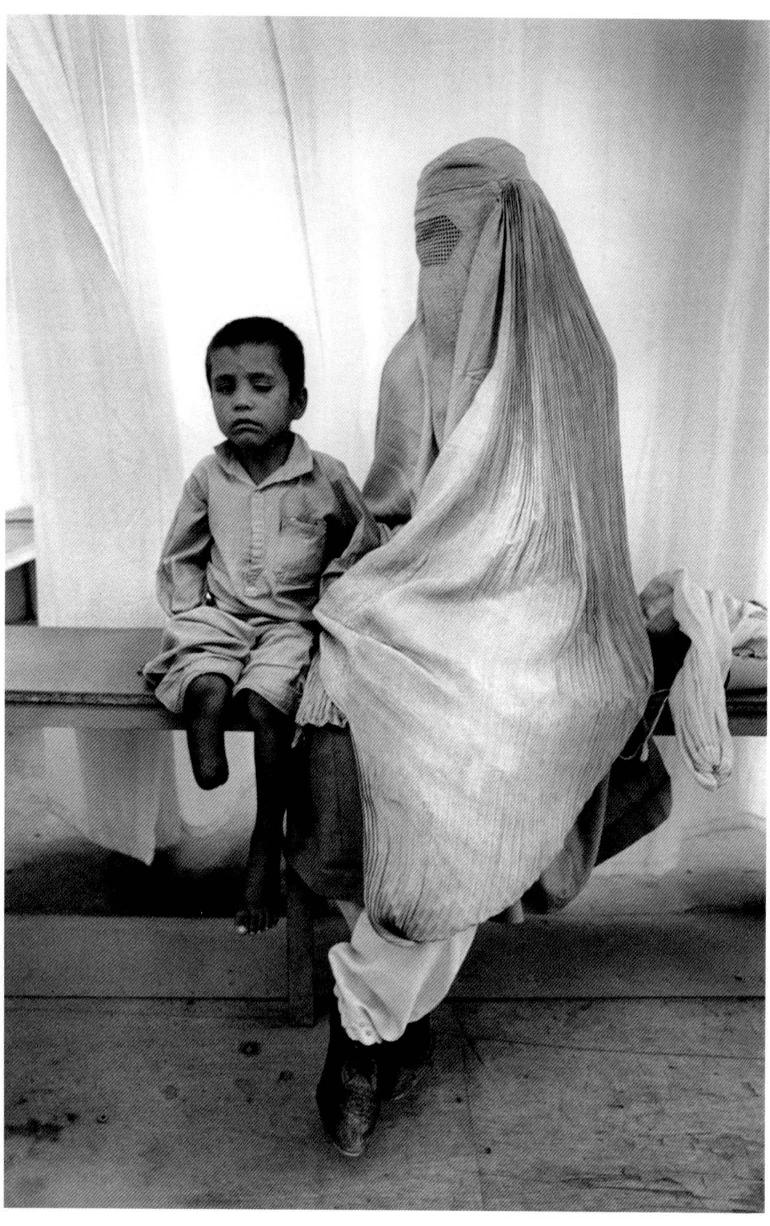

52. Sarwar, 6 años, junto a su madre. Kabul, Afganistán, agosto de 1996

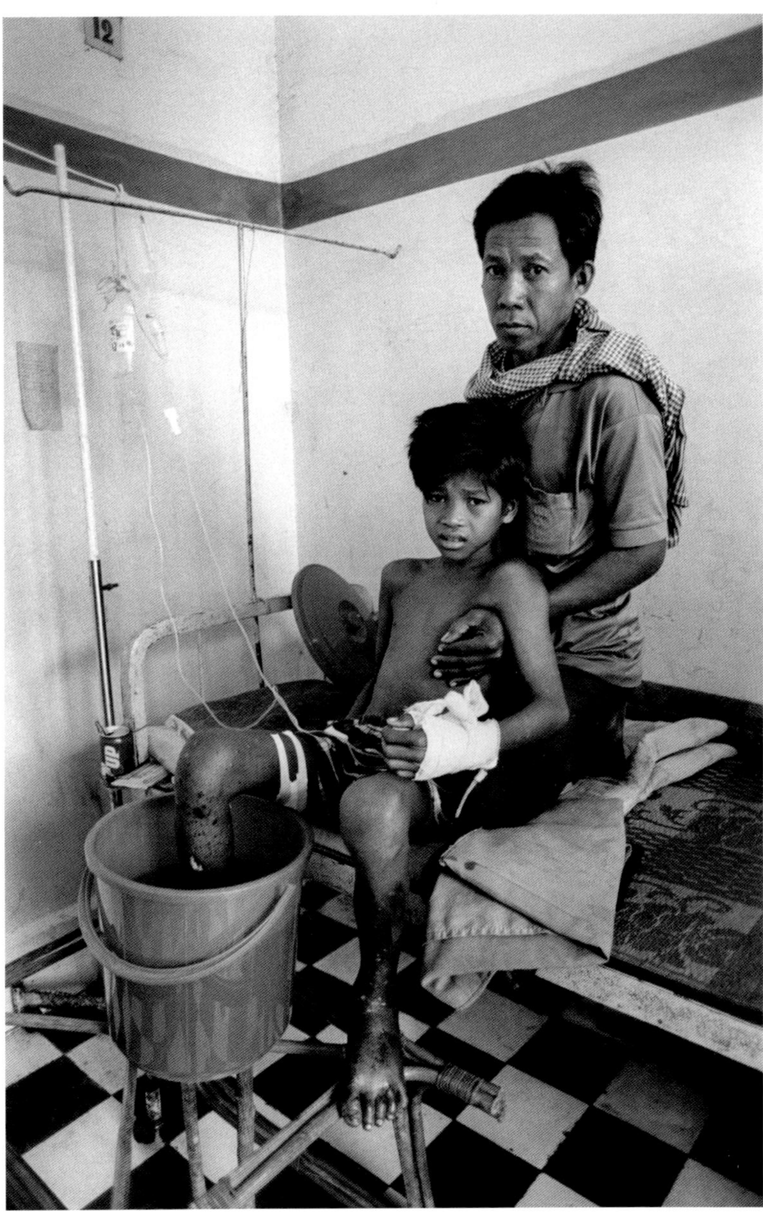

53. Sokheurm Man, 13 años, junto a su padre Theam Man. Siem Reap, Camboya, enero de 1996

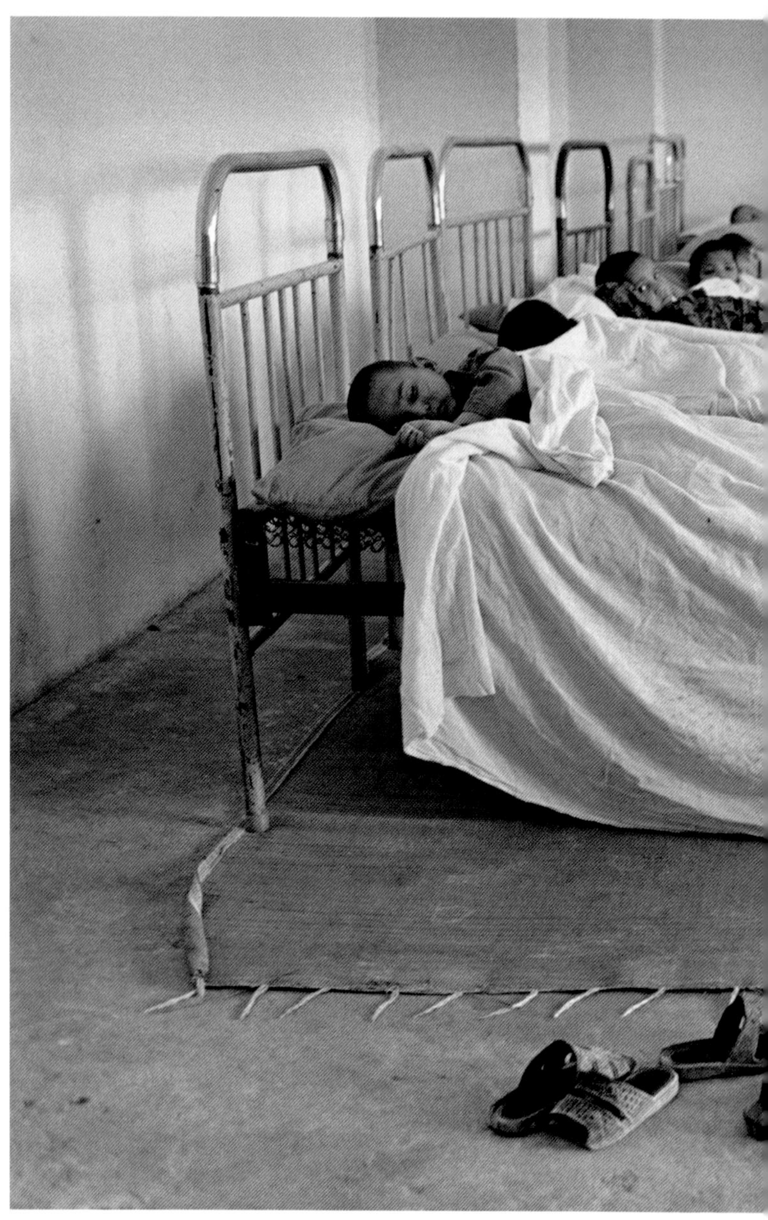

54. Huérfanos de guerra. Kabul, Afganistán, agosto de 1996

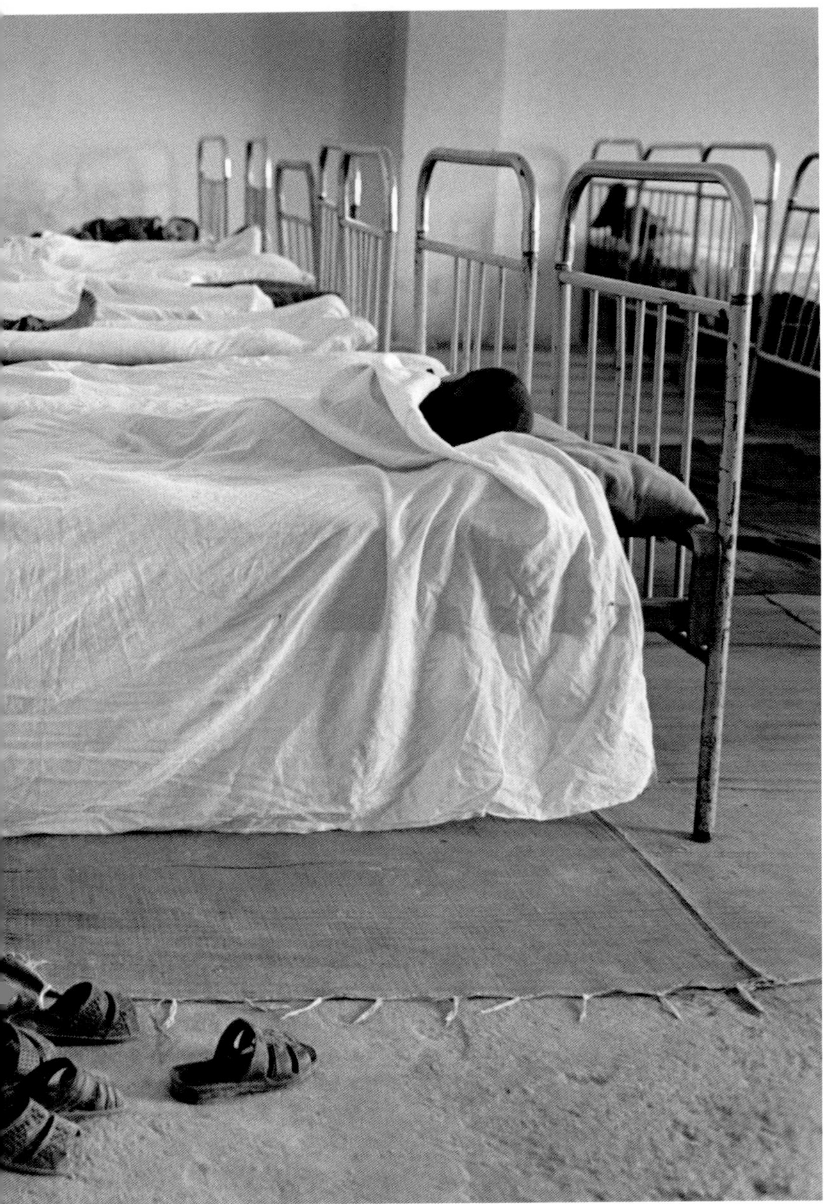

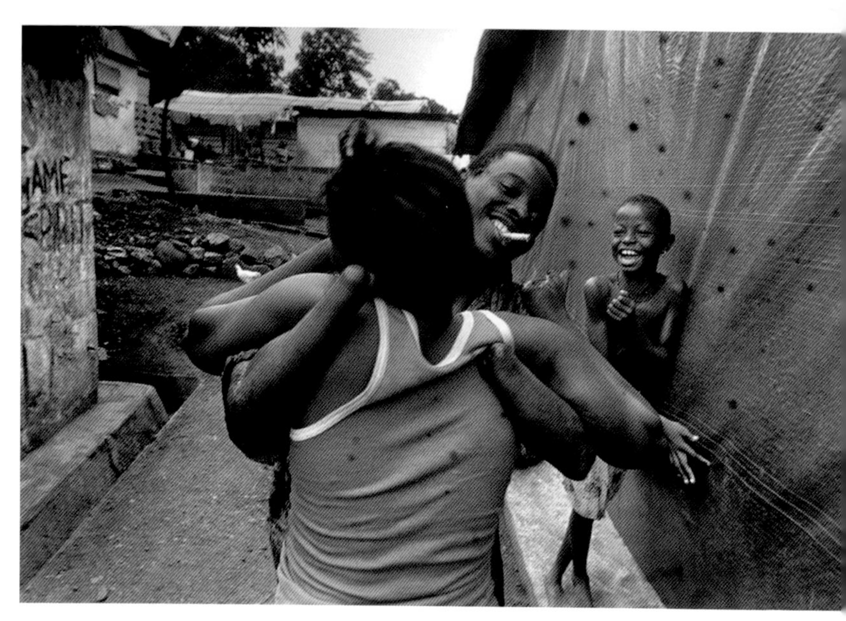

55 Mutilados. Freetown, Sierra Leona, diciembre de 2000

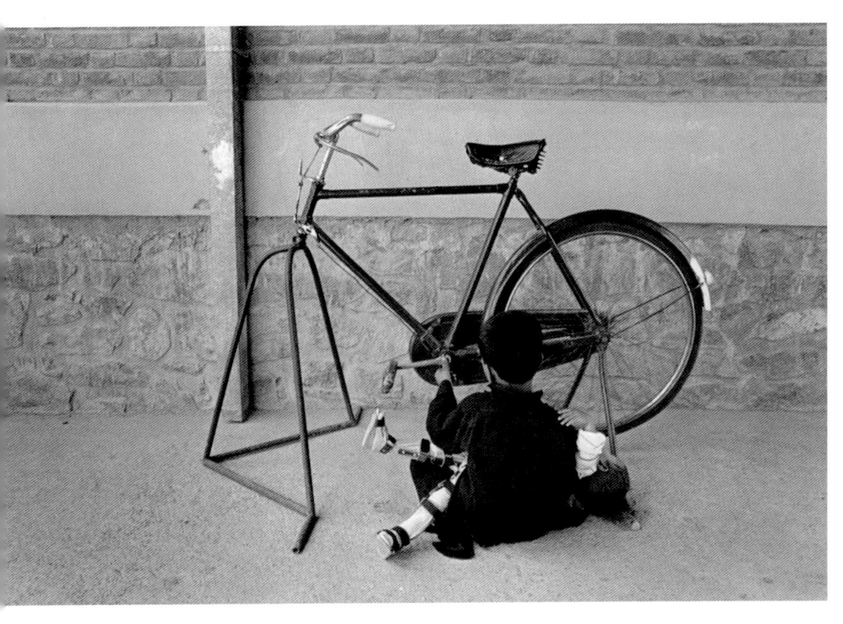

56. Víctima de la poliomielitis. Kabul, Afganistán, agosto de 1996

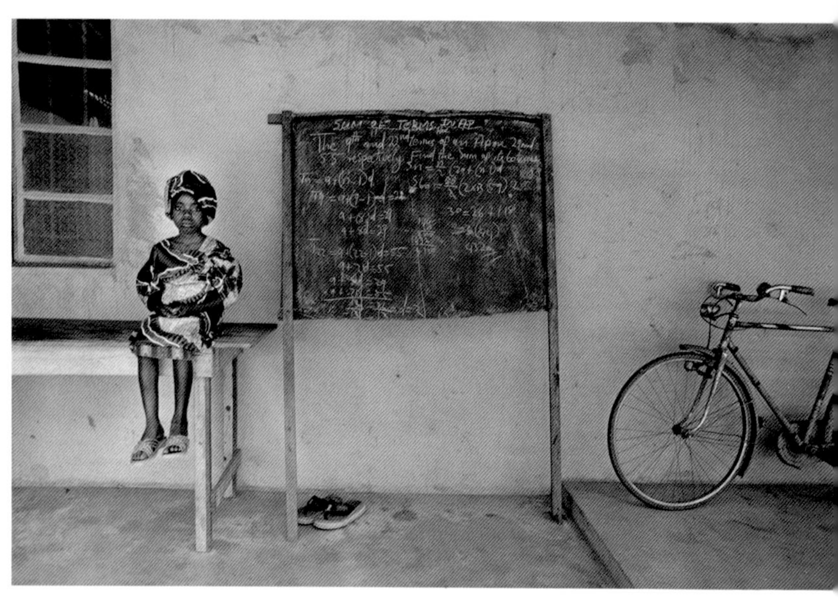

57. Madina, Sierra Leona, enero de 2004

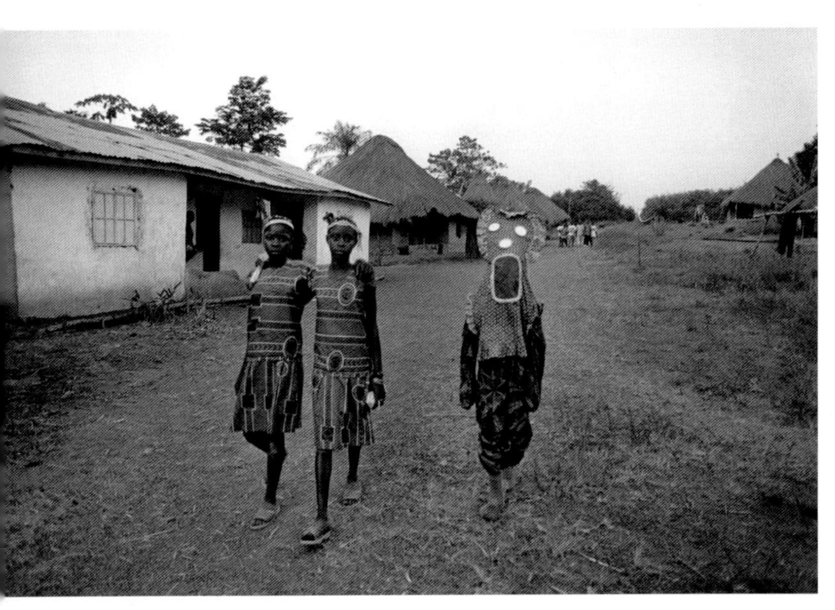

3. Tonko Limba, Sierra Leona, diciembre de 2003

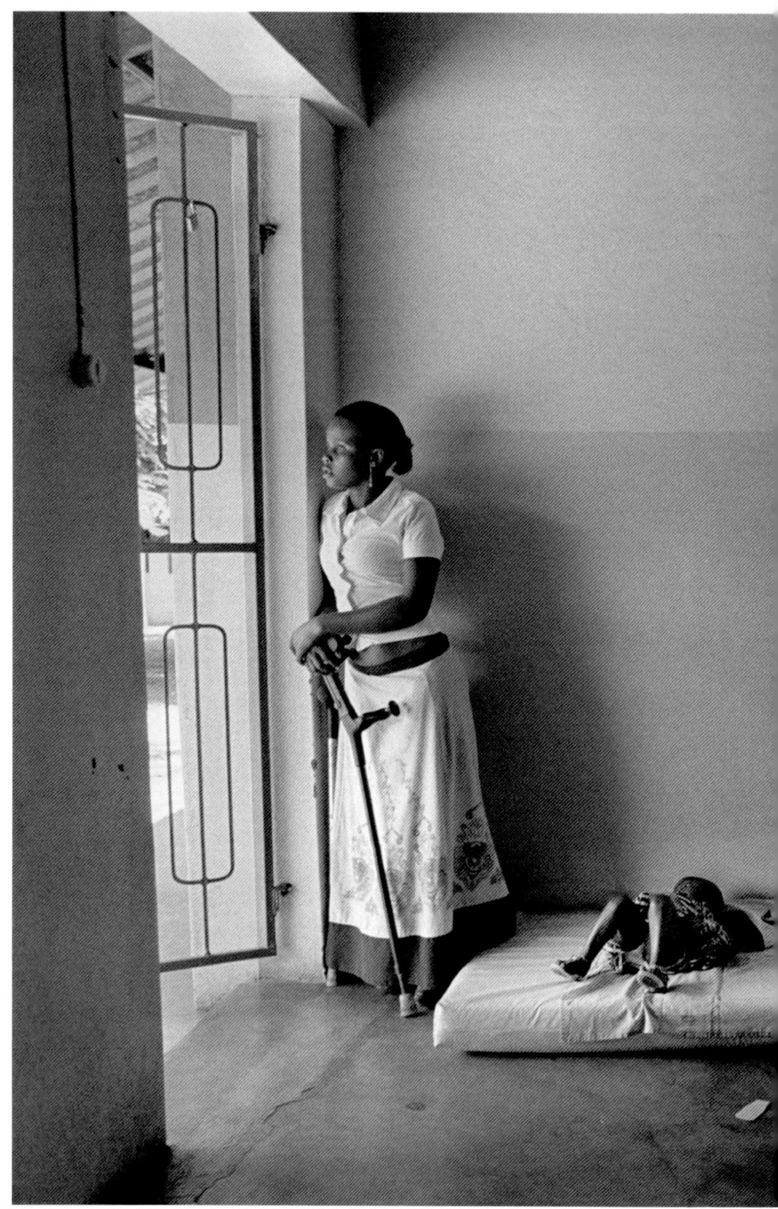

59. Massaca, Mozambique, febrero de 2007

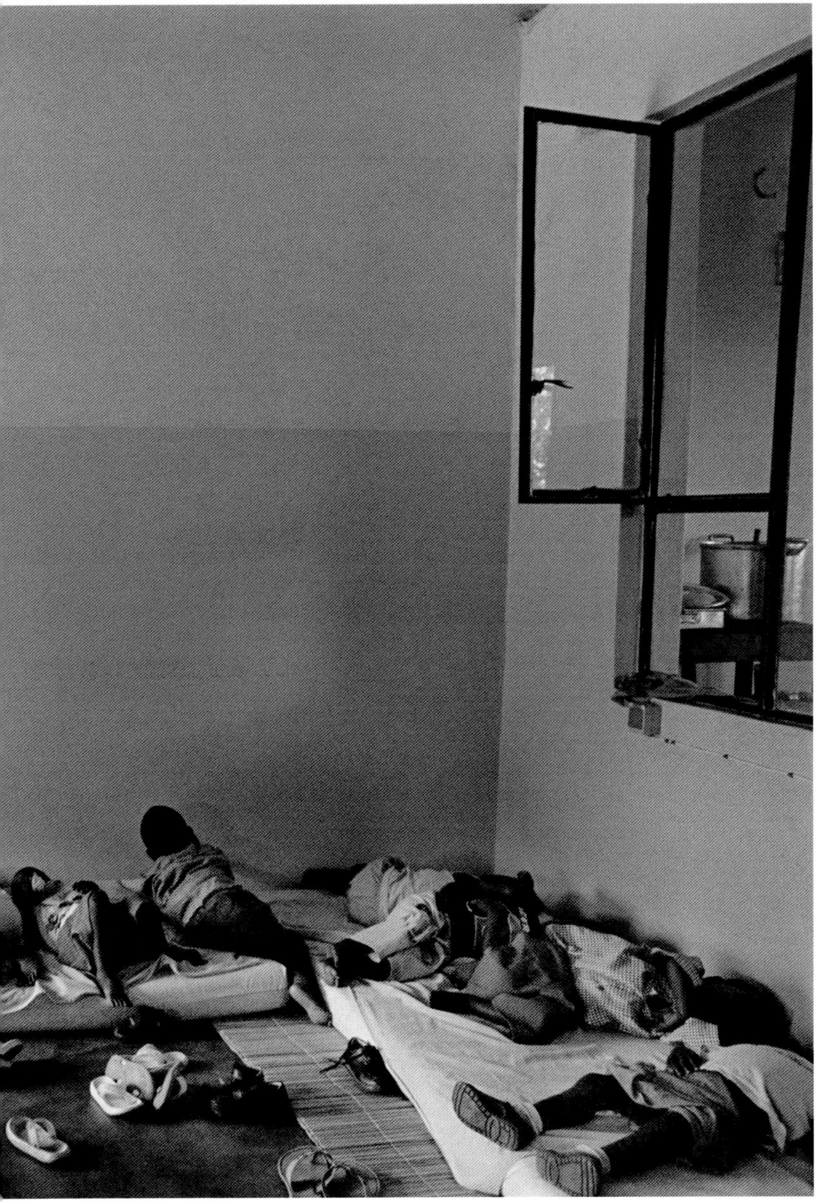

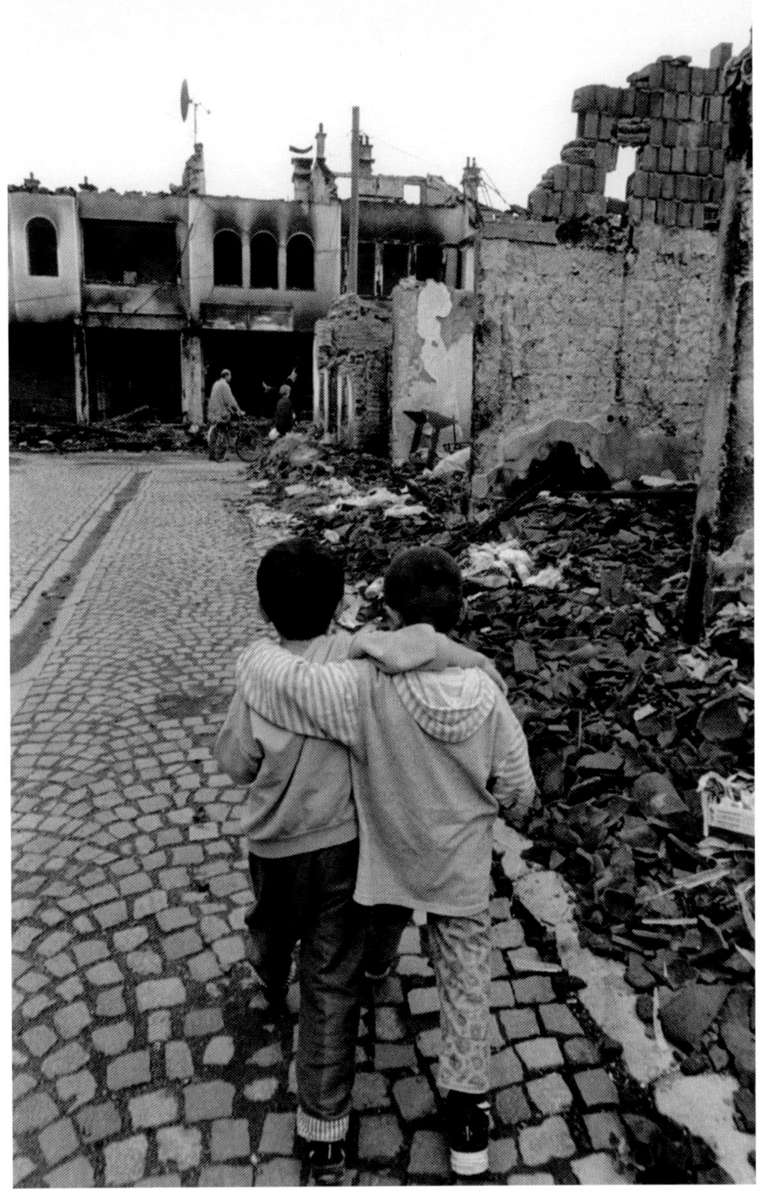

60. Djakova, Kosovo, junio de 1999

Cronología

1959 Nace en Córdoba.

1984 Se licencia como periodista en la Universidad
      Autónoma de Barcelona.

1987 Comienza a colaborar con el diario *Heraldo de Aragón*,
      como enviado especial en los conflictos armados de
      la antigua Yugoslavia, Asia, América Latina y Oriente
      Medio. Esta relación profesional se mantiene hasta la
      fecha.

1993 La Asociación de la Prensa de Aragón le otorga por
      unanimidad el Premio al Mejor Periodista del Año, por
      su cobertura de la guerra de Bosnia.

1994 Inicia su relación con la Cadena Ser y el servicio
      español de la BBC.
      El Club Internacional de Prensa de Madrid le concede
      el Premio al Mejor Trabajo Gráfico del Año.
      Publica su primer libro, *El cerco de Sarajevo*.

1995 Comienza el proyecto fotográfico *Vidas minadas*,
      sobre el impacto de las minas antipersonas contra las
      poblaciones civiles de países como Afganistán, Angola
      y Camboya.
      Obtiene el Premio de Andalucía de Periodismo en la
      modalidad de Fotografía.

1996 Recibe el Premio Cirilo Rodríguez, uno de los
      reconocimientos más prestigiosos que se otorga a
      corresponsales españoles.

1997 Concluye la primera fase de *Vidas minadas*, con
      una exposición y la publicación del libro de mismo
      título, que gana el Premio de Derechos Humanos de
      Periodismo, concedido por la Asociación Pro Derechos
      Humanos de España.

1998 El Ayuntamiento de Zaragoza le nombra hijo
      adoptivo en «reconocimiento a los excepcionales
      méritos contraídos en el ejercicio de su actividad
      como fotógrafo, en la que ha destacado por su
      sensibilidad social y su denuncia de los horrores de la
      guerra».
      Es nombrado enviado especial de la UNESCO por
      la paz por «el extraordinario testimonio que ofrece
      mediante la fotografía del calvario que padecen las
      víctimas de las minas antipersonas y por su infatigable
      promoción de una cultura de la paz al sensibilizar a la
      opinión pública mundial sobre la necesidad de proscribir
      estas armas y de ayudar a los mutilados a reinsertarse
      en la vida cotidiana».

2000 Colabora asiduamente con la revista *Tiempo* y el
      magazine del diario *La Vanguardia*.

2001   La Diputación Provincial de Zaragoza le concede la
       Medalla de Oro de Santa Isabel de Portugal por «su
       trayectoria periodística y su compromiso a favor de las
       víctimas de la guerra».
2004   En coautoría con el escultor y artista plástico Ricardo
       Calero, edita *Latidos del tiempo*, catálogo de la
       exposición del mismo nombre organizada por los
       Ayuntamientos de Zaragoza y Sevilla.
       El Gobierno de Aragón le entrega la Medalla al Mérito
       Profesional.
2005   Recibe el Premio LiberPress, en reconocimiento a su
       labor «en favor de la libertad de prensa y la denuncia de
       las injusticias».
2006   Es galardonado con el Premio Javier Bueno, otorgado
       por la Asociación de la Prensa de Madrid.
2007   Publica *Vidas minadas, diez años después*.
2008   Se le otorga el Premio Ortega y Gasset de Fotografía.
2009   Recibe el Premio Nacional de Fotografía.
       Su trayectoria profesional también es reconocida
       con los premios Rey de España, Proyecto Hombre
       a la Solidaridad, Libertad de Expresión de la Unió
       de Periodistas Valencians, Premio Córdoba de
       Periodismo de la Asociación de la Prensa de Córdoba,
       el Derechos Humanos en la categoría de medios de
       comunicación del Consejo General de la Abogacía
       española y el Premio Humanitario de la Asociación de
       Corresponsales de Prensa Extranjera en España.
2010   Trabaja en el proyecto *Desaparecidos* sobre la
       tragedia de los desaparecidos políticos de países como
       Guatemala, Colombia, Chile, Camboya, Irak, Bosnia o
       España.

Exposiciones individuales (selección)

1995   *El cerco de Sarajevo*. Círculo de Bellas Artes y Centro
       Andaluz de la Fotografía, Madrid.
1998   *Vidas minadas*. Sede de la UNESCO, París.
2002   *Niños de la guerra*. Museo Municipal de Albacete.
2004   *Latidos del tiempo*. La Lonja, Zaragoza.
2006   *Tiempos de guerra*. Asociación de la Prensa de Madrid.
2007   *Sierra Leona, guerra y paz*. Palau Robert, Barcelona, y
       Sala EFTI, Madrid.
2008   *Vidas minadas, diez años después*. Itinerante por
       el Instituto Cervantes de Madrid, Centro de Cultura
       Contemporánea de Barcelona, Centro Cultural de la
       Beneficencia de Valencia, Sala de Exposiciones de la

Casa de los Morlanes de Zaragoza, Casa de la Cultura
de Girona y sede de la UNESCO en París.

2009 *Vidas minadas, diez años después*. Sede de la ONU,
Nueva York.

Sarajevo 1992-2008. El último asedio. Centro de
Historia de Zaragoza.

Niños de la guerra. Escola d'Art i Superior de Disseny,
Valencia.

Camboya, tierra de esperanza. CaixaForum, Madrid y
Barcelona.

2010 *Vidas minadas, diez años después*. Biblioteca Virgilio
Barco de Bogotá, Centro Cultural de España en Lima y
Hospital de Denia de DKV Seguros.

Monográficos

1994 *El cerco de Sarajevo*. Editorial Complutense. Madrid.

1997 *Vidas minadas*. Blume. Barcelona.

1999 *Kosovo. Crónica de la deportación*. Blume. Barcelona.

2000 *Niños de la guerra*. Blume. Barcelona.

2001 *La caravana de la muerte: las víctimas de Pinochet*.
Blume. Barcelona.

Los ojos de la guerra, con Manuel Leguineche. Plaza y
Janés. Madrid.

2002 *Cinco años después (Vidas minadas)*. Blume.
Barcelona.

2004 *Latidos del tiempo*, con Ricardo Calero. Blume.
Barcelona.

Salvar a los niños soldados. Debate. Madrid.

2005 *Sierra Leona, guerra y paz*. Blume. Barcelona.

2007 *Vidas minadas, diez años después*. Blume. Barcelona.

2009 *Sarajevo 1992-2008*. Blume. Barcelona.

2010 *Gervasio Sánchez*. Colección PHotoBolsillo. La Fábrica
Editorial. Madrid.

Sandra Balsells

Licenciada en Periodismo en la Universidad Autónoma de Barcelona, inicia su trayectoria profesional como fotoperiodista *freelance* en Londres en 1990, centrándose en reportajes de ámbito internacional. Es autora del libro *Balkan in memoriam* (Yugoslavia 1991-2000), coautora de los documentales televisivos *Dying for the Truth* y *Retratos del alma*, y comisaria de la obra *Latidos de un mundo convulso*. En 2006 obtiene el Premio Ortega y Gasset a la Mejor Labor Informativa. Desde 1995 compagina su actividad fotoperiodística con la docencia de la fotografía en la Universidad Ramón Llull.

A graduate in Journalism from Barcelona's Universidad Autónoma, Balsells began her professional career as a freelance photojournalist in London in 1990, focusing on international features. She is the author of the book *Balkan in memoriam* (Yugoslavia 1991-2000); co-author of the television documentaries *Dying for the Truth* and *Retratos del alma*; and the curator for the *Latidos de un mundo convulso* exhibition. In 2006 she was awarded the Ortega y Gasset Award for the Best Informative Work and since 1995 she has combined her activity as a photojournalist with teaching photography at the Ramón Llull University.

Passion and Memory

Sandra Balsells

At the end of August 2009, a group of Gervasio Sánchez's friends met in a secluded spot in the Aragon Pyrenees to celebrate his 50th birthday. Gervasio, flanked by his indispensable appendages, Choco and Diego, was giving us a generous dose of affection and camaraderie. He crossed the threshold of the 50s radiant, ebullient and, as strange as it may seem, unusually relaxed. Gervasio, who normally is a bundle of nerves, was able to reduce his usual action-packed rhythm for a few days and settle into an unaccustomed serenity. He may have thought it was a good time to take stock. And upon reviewing his career, I honestly think he had reasons to feel satisfied.

Gervasio Sánchez is what he wanted to be. He has achieved his wish and obtained what he fought for so long: to live intensely, subject to no one and strictly independent and to fulfill his strong vocation by practicing his profession in a passionate, coherent, honest way. He undertakes photojournalism viscerally, combatively, trying to shake the foundations of the cynicism, hypocrisy and indifference he detests so much and on which the countries of the "First World" are now so complacently installed. Because Gervasio continues to believe in journalism with a capital J, something Ryszard Kapuscinski qualified as "undesirable, inopportune and accurate in its impertinence."

For 25 years, Gervasio has been travelling through the tormented geography of infamy, moving tirelessly through scenes destroyed by violence as an exceptional witness to innumerable planetary convulsions. Never weakening, he has extensively documented the "unlimited geography of desolation" to which Juan Goytisolo referred. Guided by a militant, restless, adventuresome spirit, he has immersed himself in numerous war and post-war settings, bearing witness to the forgotten experiences and stories that have moulded his biography and made him what he is: a real reporter through and through.

Gervasio's photography is forceful. It reveals the harsh reality of our time, confirms the existence of ignominy and ensures that no one will ever dare say "we didn't know." He never ceases in his battle against silence and forgetfulness. He hates the pernicious silence that he accuses of being "the executioner's accomplice". He detests the obstinate *omertá* against which victims of atrocities would rebel if they could, the complicit silence that Primo Levi, after surviving the hell of Auschwitz, fought until the end of his days, confirming that the unmentionable had taken place.

Gervasio is compelled by this urgent need to tell all, to confirm that the intolerable does exist. That is his trade and his life, two indivisible areas ruled by a fervent activism on behalf of the victims of human brutality. He well knows that you cannot be a part-time activist.

His career is the result of a difficult apprenticeship and long experience. He has worked hard, very hard, to make his way in the photojournalism world and consolidate his position in it with enviable independence, avoiding the accommodation that so often causes gangrene in the journalistic work performed sitting at tables and in offices. He has done so with an obstinate courage based on effort and sacrifice, travelling the secondary roads of journalism that Kapuscinski knew so well.

Gervasio began this hard work at an early age after his family abandoned their native Cordoba to settle in Catalonia. He went to school in Hospitalet del Infante (Tarragona), the town where he lived after spending several years in Barcelona, and after school helped his grandfather Santiago, who was a mailman. He was eleven and it was his first job. Gerva's neat handwriting and growing work capacity enabled him to take a giant step forward in his growing-up process. "I learned a lot there," he recalls. During those childhood years, he discovered his love of travel. He considered becoming a pilot or a journalist. A modest stamp collection allowed him to dream of remote places and learn all the world capitals by heart. "And I mean all," he insists.

Nevertheless, access to the places he dreamed about would have to wait because circumstances took over. During his adolescence he had to combine his elementary studies with various part-time jobs, self-sacrificing jobs that formed his disciplined, self-demanding, fighting spirit and made his trajectory a path with no short cuts.

In the summer of 1975, at the age of 15, Gervasio took a summer job at the *Fina* bar on Tarragona's Miracle beach. His first task was to scrape rust off metal chairs, but he soon left the repair of beach furniture to work as a waiter on the bar's terrace. Little did he imagine then that he would spend the next 17 summers at that beachside spot, distributing soft drinks and paellas to tables packed with tourists. He worked there until the summer of 1991.

The salary he earned gave him his passport to the university, which in turn was a trampoline to the fascinating destinations evoked by his stamp collection. In 1980 he took his first long trip to Turkey and Greece with friends from secondary school. Next came Yugoslavia, Israel, Egypt, Algiers, Tunis, India, etc. From there he sent his first "journalistic chronicles" written on postcards that he carefully copied with carbon paper to preserve the memory of his adventures. In 1981 he became acquainted with Christine Spengler's work and decided to become a photojournalist.

He finished his journalism studies in 1984 and treated himself to a sabbatical year. He went to Central America where he taught himself photography from the bottom up by observing how the great reporters worked. "That was my true university, after having been bored for five years in a conventional one." In 1986 in Pinochet's Chile, he began to travel regularly as a journalist. From then on, he has worked on his own, with no ties, as a freelance reporter, always backed – of course – by his beloved *Heraldo de Aragón* newspaper, the medium in which he published his first work in March 1987 and where he is received with great respect by its sub-director, José Luis Trasobares.

But five years passed before Gervasio was able to devote himself fully to the trade of his choice. In the summer of 1991, his life changed decisively when after serving the season's last paella, he packed his bags and left for Croatia to cover the beginning of the war. We must have unknowingly coincided there for the first time. Soon the spiral of violence spread to Bosnia-Herzegovina. Gervasio came face to face with war's brutality in Sarajevo. It was not at all comparable to the Latin American conflicts he had documented years before. The slaughter had a brutal impact on him. He returned often to Sarajevo, tirelessly testifying to the agony of that atrocious siege. And there, without knowing it, our paths must have crossed for the second time.

His first book, *El cerco de Sarajevo* (The Seige of Sarajevo) was produced in December 1994 during the siege of the Bosnian capital. This publication format allowed him to transcend the ephemeral duration inherent to press photography. It was the origin of a rewarding photojournalistic production that has materialised in ten more books thanks to the strong backing of his publisher, Leopoldo Blume.

At the end of 1995, affected by the frenetic rhythm involved in travelling from conflict to conflict and the immediacy imposed by the press world, Gervasio Sánchez experienced a transformation that began almost accidentally with the assignment of a short report on the victims of Angola's landmines. There he discovered "a sub-world of horror and desolation" that would mark his way of understanding and practicing photojournalism forever. Since then, he has travelled to some of the countries that have suffered most from landmines to document their victims and show their fight for survival. He goes into devastated areas filled with broken dreams and establishes close relationships with the subjects of his images, the true heroes of their fight to overcome their situation. The result of this patient work that has lasted more than ten years is his trilogy *Vidas Minadas* (Undermined Lives), a valuable graphic testimony that was born "in order to overcome media obstacles, thematic fashions, schematism and sensationalism."

Moved by this same desire, Gervasio devoted a good deal of the nineteen nineties to covering various armed conflicts in some of Africa's most neglected countries. He documented the tragedy of the child soldiers and faced one of the bitterest moments in his life. He also submerged himself in the depths of Latin America to bring to light the drama of those who had disappeared. And he returns to the Balkans whenever he can.

There, in the Kosovo war, we coincided again. By that time we had met and had shared some good moments together. I remember how happy I was to see him appear in the press centre at the Grand Hotel in Pristina. I also remember his frenetic hyperactivity, continuous comings and goings and some of his famous outbursts. He was a real whirlwind, constantly in motion. Together, we photographed the painful escape of thousands of refugees and the effects of an odious devastation, travelling in a failing rental car that one bad day decided to desert us on one of Kosovo's most dangerous roads. Those were intense days in which I discovered the torrential personality that flows from every pore of Gervasio's skin.

Beyond its eminently testimonial nature, his rich photographic and journalistic production opens a powerful path toward debate and reflection. These are stories that inform, excite and move viewers, questioning them and making it difficult for anyone to avoid their gaze. As in Goya's powerful engravings The Disasters of War, where the artist himself noted emphatically "I saw it" and "that's how it happened," Gervasio's work reveals bits of the historical moment that he has lived, significant episodes that do not stop at mere observation. Gervasio takes sides, positions himself clearly in regard to the events he documents and takes risks. He gives visibility to what many prefer to hide, knowing as Robert Capa pointed out, that "a cause without images isn't just an ignored cause, it's a lost cause."

All of this is reflected in his photographs in a direct, forceful yet restrained way, with no need to turn to stylistic tricks. Free of ornamental artifice, his images comprise a valuable legacy that in the future will ensure that we have no doubts about the past.

His photojournalistic production is added to an extraordinary educational and informative endeavour driven by the Seminar on Photography and Journalism of Albarracín that he has directed since 2001 with a totally open mind but military-like discipline. The mixture of personal profiles and photographic atmospheres stored in the contents of the nine editions held up to now are a cause of inspiration for Montagues and Capulets alike. Furthermore, thanks to this event, veteran masters who have been unjustifiably forgotten have begun to leave the "catacombs", as Enrique Meneses wisely says, to connect with new values and offer their valuable testimonies to hundreds of avid students.

Gervasio's oeuvre has been awarded, later rather than sooner, numerous distinctions. The recent concession of Spain's National Photography Award, which has recognised the work of a photojournalist for the first time, ratifies the value of the documentary photography devoted to bearing witness to the reality of a present that resists being forgotten.

After having spent 25 years documenting the great upheavals of our time, Gervasio Sánchez continues to exercise his profession with conviction in order to safeguard his own conscience and feel at peace with himself. His career has not been a path of roses. He deserves the respect and admiration he enjoys, and he alone knows how much emotional pain is tattooed on his soul, the result of irreparable losses, wounding solitude, heartaches and incomprehension. In some way, his career corroborates the words of Fernando Pessoa when he said that "what we see is not what we see but what we are."

PHoto**Bolsillo**

Director de la colección / Series Editor
Chema Conesa

Diseño original / Original Design
Fernando Gutiérrez

Coordinación / Coordination
Doménico Chiappe

Producción / Production
Naiara Garro

Traducción / Translation
Herrán Coombs

Fotomecánica / Photomecanics
Cromotex

Impresión / Printer
Brizzolis

© de las imágenes / Image
Gervasio Sánchez

© del texto / Text
Sandra Balsells

© de la presente edición / Present Edition
La Fábrica, 2010

ISBN
978-84-92841-15-8

Depósito legal
M-33434-2010

LA FABRICA EDITORIAL

Editor / Publisher
Alberto Anaut

Directora editorial / Editorial Director
Camino Brasa

Director de Desarrollo / Development Director
Fernando Paz

Producción / Production
Paloma Castellanos

Organización / Organiser
Rosa Ureta

La Fábrica Editorial
Verónica, 13
28014 Madrid
Tel.: 34 91 360 13 20
Fax: 34 91 360 13 22
e-mail: edicion@lafabrica.com
www.lafabricaeditorial.com

Una coedición entre / A Coedition Between

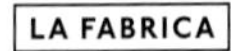

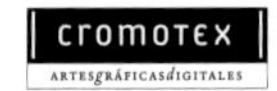

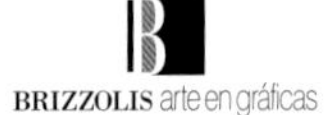

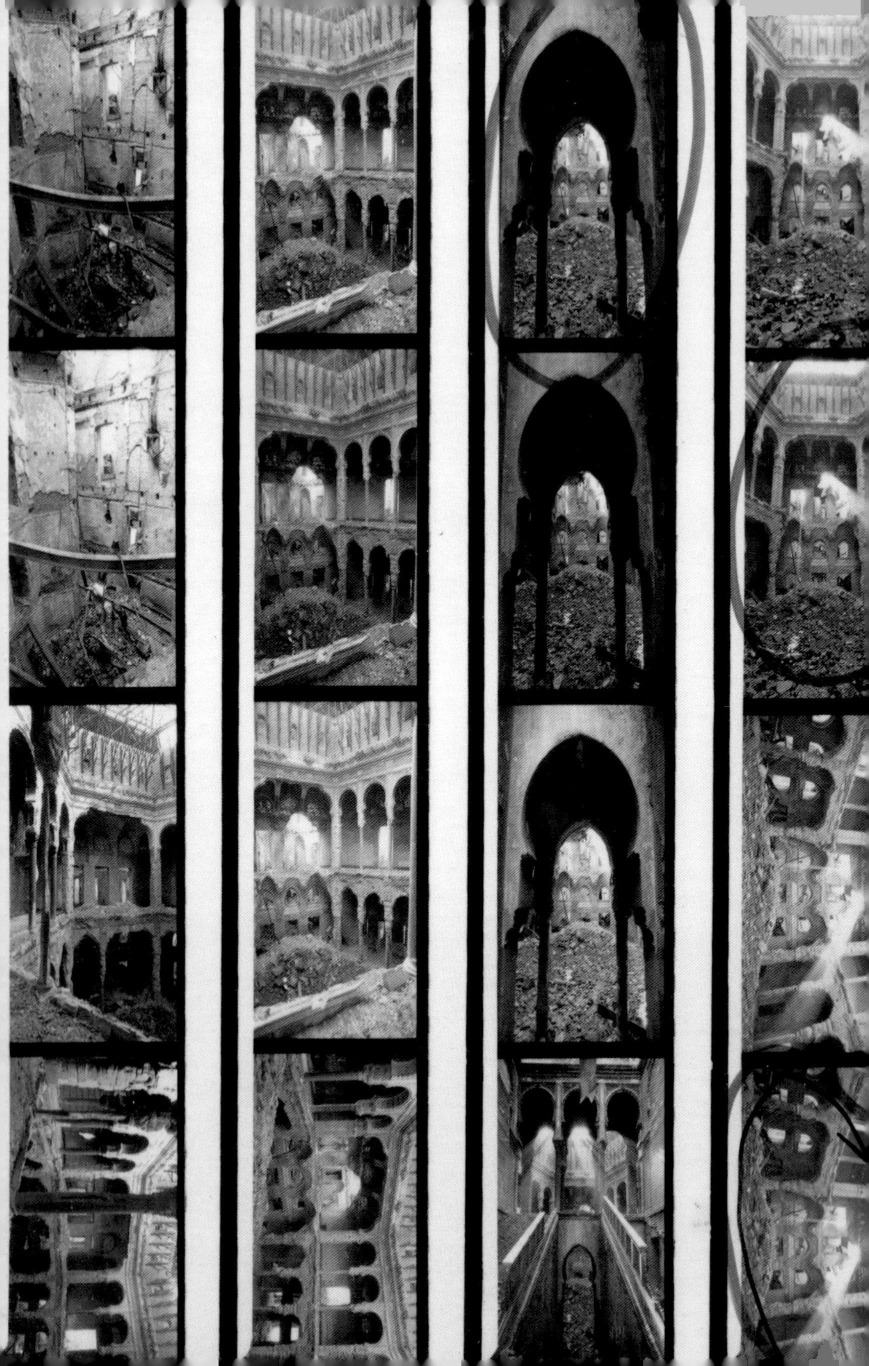